问题式、项目式与跨学科课程教学创新设计：
从理论到实践

郝　莉　宋爱玲　郭永春　李　君　孙燕云　韩　效　杨乃琪｜著

西南交通大学出版社
·成都·

图书在版编目（CIP）数据

问题式、项目式与跨学科课程教学创新设计：从理论到实践 / 郝莉等著. -- 成都：西南交通大学出版社，2024. 10. -- ISBN 978-7-5774-0120-1（2025.3 重印）

Ⅰ . G642

中国国家版本馆 CIP 数据核字第 2024E8E237 号

Wentishi、Xiangmushi yu Kuaxueke Kecheng Jiaoxue Chuangxin Sheji：Cong Lilun dao Shijian

问题式、项目式与跨学科课程教学创新设计 ： 从理论到实践

郝　莉　宋爱玲　郭永春　李　君　孙燕云　韩　效　杨乃琪　著

策 划 编 辑	田　红　秦　薇
责 任 编 辑	田　红
责 任 校 对	张地木
封 面 设 计	观止堂
出 版 发 行	西南交通大学出版社
	（四川省成都市金牛区二环路北一段 111 号
	西南交通大学创新大厦 21 楼）
营销部电话	028-87600564　028-87600533
邮 政 编 码	610031
网　　　址	http://www.xnjdcbs.com
印　　　刷	四川煤田地质制图印务有限责任公司
成 品 尺 寸	240 mm × 186 mm
印　　　张	18.75
字　　　数	367 千
版　　　次	2024 年 10 月第 1 版
印　　　次	2025 年 3 月第 2 次
书　　　号	ISBN 978-7-5774-0120-1
定　　　价	118.00 元

推荐序

大约十年前，作为西南交通大学主管教学的副校长，我问了自己，也问了即将到任的教务处处长郝莉老师一个问题：到底什么是真正的"以学生为中心"的教学？

十年来，为了探寻问题的答案，也为了追随心中的梦想，我们走访了数十所高校，请来了国内外百余名教育家与教学名师，包括《如何成为卓越的大学教师》的作者肯·贝恩教授，也为来自数百所高校的上万名领导老师举办了上百场报告、讲座和工作坊。

十年里，我们重构并实施了以学生为中心的质量保障机制。我们深深体会到，推动教学质量提升的真正动力，不是源自严格的教学管理制度，而是来自教师内心深处对教学的热爱与对创新的追求。我们应该做的，不是用条条框框绑住教师的手脚，而是通过学术性的质量标准、质量评价与改进建议，支持教师在教学中持续取得小成功。这些小成功会帮助他们与学生建立起良性互动，从而鼓舞他们拥有不断追求教学卓越的勇气和力量。

十年来，我们构建了支持良好教学学术实践的教研体系。与科学研究一样，教学学术把教与学中的问题看作是具有创造性的研究工作的核心，老师们不断在学习科学理论研究与教学改革创新实践中迭代。在这些努力与探索中，最具代表性的工作是跨学科课程建设。我校从2015年开始，从无到有，建设了六十余门跨学科课程，其中多门课程入选国家和四川省一流课程。2021年肯·贝恩教授在普林斯顿出版社出版的《超级课程：教育与学习的未来》一书中写道："在过去五年里，该大学（西南交通大学）推出了一些引人瞩目的跨学科课程，这些课程的培养目标比单一课程或学科的培养目标更大。在追求这一宏大目标的过程中，学生受到它的魅力和潜在力量的激励，成为自主学习型学者。他们摆脱了很多困扰传统课堂的问题，深深沉迷于自己的探索，并意识到自己所面对的任务的重要性。"

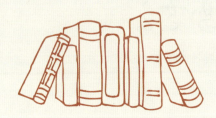

十年中，我们致力于打造教师"教与学共同体"。在多年的教学管理中，我们发现，老师们不习惯谈论教学带来的体验，与激动人心的科研相比，教学似乎成了一件没有什么激情、创造性和成就感，无法带来新奇感受又让人疲惫的事情。这些年，我们不断探索教学创新团队的新形态，从校内的院长、副院长系列工作坊，到常态化的教师教学能力提升班，从系列教学共读活动到在线特色课程分享再到任务密集型的教学创新 Teckathon（教客松）活动，我们的工作，从线上连接到线下，从校内扩展到校外。2022 年我校牵头成立教育部（首批）跨学科课程教学创新改革虚拟教研室，如今已入驻来自全国几十所高校的 100 余门课程，覆盖 3000 余名教师，开展线上、线下活动上百场，帮助来自全国各地几十所高校构建了上百门跨学科与项目式课程。我们坚信，教学改革之路不是一个人的孤独之旅，而是所有热爱教学、愿意与学生一起成长的老师们集合在一起，去探索和开辟教学中未知领域的神奇之旅。

如今，我已离开副校长岗位两年多，回首十年来的教学改革创新之路，感慨万千。读者翻开的这一本教学创新设计书，一定程度上就是这十年历程的收获与结晶。封面上的七位作者，是这十年中成长起来的老师的代表，我见证了他们在繁忙的科研、教学、行政工作之余，在教学创新中一路走来的努力、坎坷、艰辛与收获。书中的内容，记录了十年来我们一次次教学研讨、一场场工作坊、一门

门课程实践、一篇篇教改论文中的辛勤耕耘与努力探索。我很高兴能有这样的机缘，与他们，还有更多在教学创新之路上奋力探索的老师，一起走过这激动人心的十年。

还有那些学生，他们眼里的光，总带给我很多感动。我的很多场报告，都是用一位跨学科课程的学生的话作为结尾的："我想这门课带给我的远比那些技能更丰富，它给了我一条通往未来之路，有荆棘亦有光芒，有脚下的泥土，也有远方。"

今天，再回顾十年前的那个问题，我想，我们心中都有了答案，那就是："以学生的学习与发展为中心，为学生创造有意义的学习经历！"

谨以此序，回顾我们一起走过的十年。未来可期，愿你、愿我、愿我们、愿每个在大学工作的人，都尽我们所能，帮助学生拥有这样一条理想之路，通往他们未来美好而辽阔的人生！

教育部跨学科课程教学创新改革虚拟教研室主任

冯晓云

2024 年 6 月

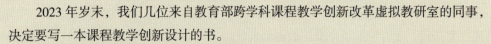

2023年岁末，我们几位来自教育部跨学科课程教学创新改革虚拟教研室的同事，决定要写一本课程教学创新设计的书。

写书的想法由来已久。这些年，我们无论作为老师自己开展课程教学改革，还是作为教学发展师支持老师们的课程教学创新，始终觉得从大学层面来看，缺少一本能够从理论贯穿到实践，为课程教学改革创新提供支持的实践类书籍。一方面，我们希望这本书能够为老师们提供适当的学习科学、教学设计原理等方面的支持，可能可以帮助他们在教学改革中少走一些弯路。另一方面，我们也一直在思考，尽管教学创新一定是百花齐放、各美其美，但其设计方法是否能够有些路径可循，让老师们不必总是从头摸索？在查阅了数百篇参考文献、分析了几十门问题式、项目式、跨学科课程之后，我们基于设计思维，提出了可以应用于这三类课程的IFMOS教学设计框架，结合案例在书中进行了较为详细的呈现，期待能够对老师们的教学创新有所帮助。

然而，此刻，我们特别想与读者一起重温帕尔默在《教学勇气：漫步教师的心灵》一书中的话："真正好的教学不能降低到技术层面，真正好的教学来自教师的自身认同与完整。"这也是为什么我们在写作这本书时格外谨慎，甚至如履薄冰。一门真正好的课程，是老师与学生建立联系，进而引导学生与学习、与生活、与更广阔世界建立联系的过程。因此，我们不希望书中的方法变成套路，束缚住老师们勇于创新的步伐，而是期待它成为脚手架，帮助老师们到达一个新的高度，去探索更大更富有想象力的教学创新空间。因此请记住，没有什么卓越教学公式，一切的创新和改变都源自您自己。

此外，我们想建议读者使用本书时，一定要与真实的课程教学实践相结合。"纸上得来终觉浅，绝知此事要躬行。"教学改革创新，无论是从教学实践开始，还是从教学理论出发，都需要在二者间建立紧密联系。带着实践中遇到的问题进入

理论研究，再带着研究的成果回到实践，唯有二者间不断地往复迭代，才有可能带来真正的创新成效。

随着 AI 大模型逐渐进入教育领域，我们越来越发现，知识的传授不再是老师们的专职工作，而当人工智能开始提供个性化的解题指导时，答疑解惑也不再是老师的特长了。我们必须思考，人工智能时代，作为一名大学老师，我们如何定位自己？

《创造有意义的学习经历：综合性大学课程设计原则》一书中写道："我们将无法满足越来越多、越来越高的教育需求，除非教授们成为学习经历的设计者，而不只是教书匠。"

所以，让我们始终牢记，学习只发生在学习者身上，老师的最重要职责是学生学习经历的设计者和陪伴者。这也是写作此书的原则。

此书动笔时成都刚进入阴冷冬季，交稿时已是夏日灿阳。回顾携手走在教学创新之路上的这些年，我们心中满怀感激与感动。首先感谢我们的老领导冯晓云老师。尽管冯老师总是谦虚地说她是我们的同行者和陪伴者，但我们知道，她是所有奇迹的创造者。谢谢从厦门大学退休后一直与我们并肩奋斗的范怡红老师，她给了我们无数的灵感和无尽的动力。感谢虚拟教研室咨询专家肯·贝恩和玛莎·马歇尔·贝恩夫妇、华中科技大学余东升教授和北京师范大学吴国珍老师，他们对教育的热爱与洞见，让我们

收获良多。感谢中国高等教育学会的领导老师们，我们很怀念 2023 年云湖基地教客松上激情与创意的碰撞。感谢西南交大的各位领导和老师们，你们一直是我们前进路上最好的支持。还要感谢来自兄弟高校的老师们，篇幅所限，无法一一列举，但请记得，我们如此珍视与你们共度的这些美好岁月。

最后，再次引用帕尔默的话："世界上没有优质教学的公式，专家的指导也只能是杯水车薪。除了达成优质教学的内心世界，我们还需要同事之间相互切磋、对话的共同体的指引。"所以，我们更愿意用这本书，搭建起老师们探索优质教学的桥梁，让我们组成教学创新共同体，共同拥抱新时代带来的挑战与机遇。大家可以扫二维码，加入跨学科虚拟教研室，期待前行路上与您携手，让我们共同成长、共同探索教学创新的无限可能！

教育部跨学科课程教学
创新改革虚拟教研室公众号

教育部跨学科课程教学创新改革虚拟教研室

郝莉　宋爱玲　郭永春　李君　孙燕云　韩毅　杨乃琪
2024 年 6 月

前言

当今高等教育领域，随着学习科学和教学理论的不断发展，伴随着AI大模型带来的机遇与挑战，传统的教学模式正逐渐向更加注重学生主动参与和创新能力培养的方向转变。本书正是在这样的背景下应运而生，旨在为高校教师提供一套系统、创新的教学设计方法和实践指导。

全书分为三篇：基础篇、方法篇和实战篇，共计 12 章，内容涵盖了问题式学习（Problem-Based Learning，PBL）、项目式学习（Project-Based Learning，PtBL）和跨学科学习（Inter-Disciplinary Learning，IDL）三种教学模式的理论基础、设计方法和实施策略。

在基础篇中，我们首先对 PBL、PtBL 和 IDL 进行了定义和区分，探讨了它们之间的关系，分析了 IDL 的特殊性，介绍了支撑这三种教学模式的教与学理论基础，包括认知论、学习科学、建构主义的假说等。方法篇则转向实践操作，详细介绍了 IFMOS 五步教学创新设计法，从教学目标设计、教学评价设计到课堂活动设计，每一章节都提供了具体的设计原则和方法。实战篇通过具体的教学案例，展示了如何将 IFMOS 方法应用于 PBL、PtBL 和 IDL 课程的教学设计。这些案例不仅提供了实际操作的步骤，还分享了教学过程中可能遇到的问题和解决方案，使读者能够更加直观地理解和掌握 IFMOS 教学创新设计。

此外，本书还附有工具和设计用表，如 AI 工具、课堂教学互动平台、仿真工具等，这些工具和表格能够帮助教师更加高效地进行教学设计和实施。

在阅读本书时，我们建议读者首先通读基础篇，建立起对 PBL、PtBL 和 IDL 的全面认识；然后根据个人教学需求和兴趣，选择方法篇中的相应章节进行深入学习；最后，通过实战篇的案例，将所学知识应用到具体的教学设计中。同时，我们建议读者利用附录中提供的工具和表格，以提高教学设计的效率和质量。此外，我们也鼓励读者在阅读本书的过程中，积极探索和尝试将生成式 AI 技术融入自己的教学实践中。

本书由教育部跨学科课程教学创新改革虚拟教研室核心教师团队撰写，其中，郝莉撰写第 1 至第 7 章，郭永春撰写第 8 章，韩效撰写第 9 章，孙燕云撰写第 10 章，李君撰写第 11 章，宋爱玲撰写第 12 章，杨乃琪撰写附录。

由于本书作者都不具备专业的教育学科背景，书中内容主要来自多年的学习思考和实践，因此难免存在疏漏之处，期待读者不吝赐教。

人工智能技术与本书作者
2024 年 6 月

教育部跨学科课程教学创新改革
虚拟教研室网站
网址：https://tec.swjtu.edu.cn

目 录

第一篇
基础篇

第3章　PBL主要特征与流程

第4章　PtBL重要特征与流程

第5章　导向深层学习的教学原理

第二篇
方法篇

第6章　PBL/PtBL/IDL教学创新设计概述——IFMOS五步法

第7章　教学目标设计

第8章　教学评价设计

第9章　课堂活动设计

第三篇
实战篇

附录

附录B　IFMOS设计用表

常用术语表 / 285

第一篇：

基础篇

第1章　理解PBL、PtBL与IDL

表 1-1 所示的 PBL、PtBL 和 IDL 是三种创新的教学模式，都强调为学生创设真实情境，让他们通过解决实际问题来学习，也都以自主学习、合作学习、关注问题解决及创造力和批判性思维技能发展等为特点。

在实际教学中，老师们对这三种教学模式的认识往往存在混淆，也因此在教学设计上存在一些误区。这一章我们将梳理这三种教学模式定义，分析三者间关系，澄清一些疑问，从而为这三种创新教学模式设计提供概念支持。

表 1-1　三种创新的教学模式

英文缩写	英文全称	中文
PBL	*Problem-Based Learning*	基于问题的学习
PtBL	*Project-Based Learning*	基于项目的学习
IDL	*Inter-Disciplinary Learning*	跨学科学习

1.1 什么是 PBL、PtBL 和 IDL

基于问题的学习（Problem-Based Learning，PBL）

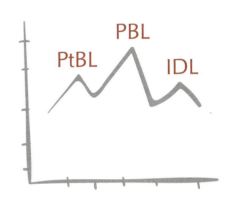

PBL 是一种积极的学习方式，学习者通过协作去理解并解决复杂的、非良构问题。

PBL 始于一个问题，而该问题成为 PBL 的主要焦点，学生学习中的所有进展、计划和工作都是为了解决这个问题。

PBL 的目标涵盖了大部分认知与情感方面内容。研究表明，在 PBL 中，学生能够有效进行深层学习，能够发展推理能力、自主学习能力、建构弹性知识能力和应用知识获得更连贯理解的能力等。

PBL 首次在 1969 年引入医学课程，并在加拿大麦克马斯特大学实施，现在已在全球广泛应用，并被各个学科广泛接受，如商业、数学、心理学和工程学等。

基于项目的学习（Project-Based Learning，PtBL）

PtBL 灵感来源于杜威，他强调实践经验或"做中学"的重要性，并通过为学生提供解决复杂且开放性问题的机会，显著提高他们整合知识的能力。

PtBL 往往始于一个或多个任务，这些任务导向产生最终产品——方案、模型、设备或计算机模拟等，我们将这类最终产品称为"手工制品"。项目路演之后，总结用于生产产品的过程并呈现结果。

跨学科学习（Inter-Disciplinary Learning，IDL）

对于跨学科学习，有两种不同理解视角：

 **基于内容整合的跨学科知识视角** 教师或教学团队对两门或多门学科或知识体系进行辨识、评价与整合，以提高学生理解问题、处理问题、评价解释、创造新方法和解决方案的能力，而这些方法和解决方案超出了单门学科或单个教学领域的范畴。

基于专家实践的跨学科研究视角 跨学科研究是回答问题、解决问题或处理问题的进程，由于这些问题太宽泛、太复杂，靠单门学科不足以解决。它以学科为依托，以整合其见解、构建更全面认识为目的。学生通过模仿专家实践在开展跨学科研究过程中学习。本手册中的 IDL 主要采用这种方式，因此，通常 IDL 都是基于 PBL 或者 PtBL。

1.2　PBL、PtBL 和 IDL 是什么关系

图 1-1 给出了 PBL、PtBL 和 IDL 的关系。

一般认为，PtBL 和 IDL 都是 PBL 的子集，如果实施了基于项目的学习或者跨学科学习，那么基于问题的学习也将直接或者间接实施。

PtBL 和 IDL 之间则存在着重叠关系。也就是说，有的项目式学习不是跨学科的，而有的跨学科学习不是基于项目的。下面我们首先分析 PBL 和 PtBL 的关系，再来讨论 IDL 的特点。

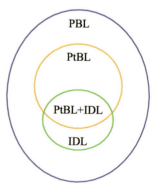

图 1-1　PBL、PtBL 与 IDL 关系示意图

PBL 与 PtBL 的关系

广义来看，PBL 有如下两种常用问题类型：

① **解释性问题** 用于获得概念性知识，包含了一组需要解释的现象或事件的描述。

② **策略性问题** 用于获得程序性知识，例如学习应用专家方法解决问题。

图 1-2 PBL 与 PtBL 关系示意图

如图 1-2 所示，PtBL 聚焦于策略性问题，主要用来学习程序性知识（"怎么做"）；而 PBL 中除 PtBL 外的部分，主要针对解释性问题，主要用来学习概念性知识（"为什么"）。

本书对 PBL 的含义进行了限制，其中广义 PBL 是指包含了两类问题的 PBL，狭义 PBL 则只包含针对解释性问题的 PBL。书中如果没有特别强调，所称"PBL"均指狭义上的 PBL。

PBL 和 PtBL 的区别

总体来看，PBL 和 PtBL 最主要的区别包括如下三点：

 学习出发点不同 PBL 往往是从需要解释的现象出发，而 PtBL 则从需要完成的任务出发。

 学习目标不同 PBL 是在解释问题过程中建立理解，PtBL 是在完成任务过程中学会应用。

最终成果形式不同 PBL 是对解释的呈现（如研究报告等），而 PtBL 是制作完成的"手工制品"（如科技产品、实施方案等）。

当然，PBL 与 PtBL 上述区别自然会带来教学过程、评价方式的不同，后文将详述。下面我们来澄清几个疑问。

为什么 PtBL 强调将手工制品作为产出

PtBL 将手工制品作为主要产出，能够使学习成为一个整体。

与传统学习不同，PtBL 认为学习不是发生在线性、离散的步骤中，评估也不应围绕小的、离散的信息片段来构建。当学生在整个项目中制作手工制品时，他们以与现实工作生活学习一致的方式来学习——学习成为一个连续的过程。

教师可以使用手工制品观察学生的理解在项目中如何发展，手工制品的开发也能够使教师评估更高层次的认知成果，如提出问题、设计研究方案、收集和解释数据以及创建解释等。

学生有机会对其手工制品进行测试与改进，这为他们提供了非常宝贵的反思的机会。他们可以据此评价学习、调整策略。

此外，我们强调手工制品的情境性，这意味着学生制作手工制品的过程，就是参与同专家实践类似的真实实践。

 PBL 可以将手工制品作为产出吗

手工制品是外化学习过程和学习成果的有效形式，但有可能带来认知超负荷。

我们的回答是，当然可以！学习科学研究表明，当学生制作手工制品时，他们学到的效果更好。这些手工制品是他们构建的知识的外部表征。

在 PBL 中，我们没有强调手工制品，是因为 PBL 更追求深层次的"理解"，因此学习的成果体现在最后给出的"解释"、获得解释的过程，以及获得的对关键知识的理解上。如果过分强调手工制品，有可能会增加与教学目标无关的负荷。例如如果将"解释某种物理现象的视频"作为手工制品，就意味着学生需要去额外学习视频制作相关内容。

但这并不意味着 PBL 不能采用手工制品作为课程产出，只是需要将手工制品制作需要的技能包含在课程教学当中。如果认为这些技能是学生应该掌握的，就应将其包括在目标中并进行评价。如果这些技能只是辅助手段，就应该为学生应用这些技能提供足够的支持，避免认知超负荷。

事实上，通过手工制品的开发，学生能够更好重构他们的理解。例如，在制作解释视频时，学生会将科学原理和概念联系起来，以支持他们对现象的解释。这种思维有助于形成思想之间的联系，从而产生更深层次的理解。

案例教学与 PBL 有何不同
案例教学中，学生从别人的经验中学习，而 PBL 中学生从自己解决问题的经验中学习。

案例教学中，学习者的任务是分析和评估案例，回应教师提出的问题，清晰地阐述他们对案例的思考。案例教学为学生提供了应用先前从讲座和教材等中学到知识的机会。通过缩小提供的信息范围并明确要回答的问题，案例设计者有意引导学习者达到预先确定的解决方案，学生主要从他人的经验中学习。

案例教学法与 PBL 教学法二者之间存在显著差异，主要体现在：

自主学习程度　　案例教学中，学生阅读教师准备的案例并按照要求回答问题，学习由教师主导；而在 PBL 中，学生在教师准备的问题情境中探寻可行的解决方案，其学习主要是自主的，教师适当提供指导。

问题的结构化程度　　案例教学中呈现的是复杂的、良好结构化的问题情境，而 PBL 中的问题往往是结构不良的。

1.3 IDL 的特殊性

传统来看，PBL 和 PtBL 是针对单门学科的。

在图 1-3 中，我们把每门学科比喻成装了数以千计圆点的匣子，每个圆点代表了本学科里的各种视野、见解、概念、理论、资料、方法、数据……我们称之为成分知识技能；这些圆点间的连线则表示它们之间的联系。一般来说，联系的密度越大，数量越多，则表明精熟水平越高。

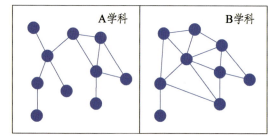

图 1-3　学科体系示意图

每个学科往往有一个普遍公认的知识内核，这个知识内核就构成了我们的课程体系和课程内容。也就是说，把学科匣子里的哪些圆点拿出来作为学科知识内核让学生学习，是有规可循的。

在 IDL 中，是否就是从多个学科里抽取并重新整理知识圆点，用这些圆点构成跨学科的知识内核呢？

构建跨学科知识内核是否可行

1.1 节介绍了理解 IDL 的两种不同视角，其中基于内容整合的跨学科知识视角就是从知识内核的提取出发的。

但在实际工作中，如果几个不同学科老师坐在一起，准备构建跨学科知识内核，开展跨学科教学，往往会发现异常艰难，如教例【1-1】所示。

因此，一个或许悲观的论断是，我们可能始终都没法找到跨学科研究和教育中普遍公认的知识内核。正如雷普克所指出，"跨学科研究者对单纯重新整理这些千变万化的知识圆点不感兴趣，他们感兴趣的是将其整合成新的更全面认识，也就是知识的累积"[1]。

教例
1-1

以土木＋信息跨学科课程为例，如右图所示，土木工程学科的知识内核，包括测量、材料、力学、结构、施工、工程造价等；而信息学科则包括软硬件设计、信息传输与处理、检测、控制等。该从两个学科匣子里，选取哪些知识圆点呢？显然，不同教育背景、行业、岗位的专家和从业者，在这个问题上很难达成共识。例如，处于土木工程全生命周期规划、设计、施工、运维四个不同阶段的从业者的看法可能大相径庭，而同样从事土木信息化的两个毕业生，如果学历层次、修读专业等教育背景不同，也会对此抱有分歧。

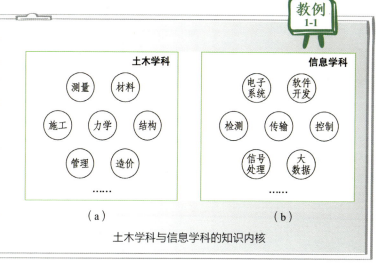

（a）　　　　　　　　　　（b）

土木学科与信息学科的知识内核

IDL 应从跨学科专家实践出发

构建普遍公认的跨学科知识内核非常困难，因此建议从跨学科研究的视角来定义IDL。

这意味着，在面向IDL的教学设计中，我们首先应该考虑跨学科专家们会面对什么样的跨学科问题，又是如何开展实践整合多学科知识来解决问题的。

从图1-4可以看到，单一学科的PBL或PtBL，是从学科知识内核出发来设计，本领域的专家实践主要作为情境、提供任务流程等形成支撑；而跨学科的PBL或者PtBL（即IDL），则是从跨学科专家实践出发来设计的，当然也会涉及多学科的知识体系，但这些知识是为跨学科专家实践服务的。

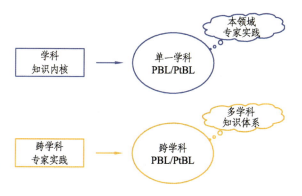

图1-4　单一学科与跨学科 PBL/PtBL 具有不同设计思路

第2章　PBL、PtBL与IDL的理论基础

这一章将介绍认知论、学习科学、教学设计等领域的一些重要原理，这些理论将为后面章节呈现的 PBL、PtBL 以及 IDL 教学设计提供理论支持。

我们建议老师们在进行教学设计时，知其然，还应知其所以然，通过在理论与实践之间的不断迭代，不断提升教学质量。

2.1　认知论的三个观点

这里分享的三个认知论观点，可以帮助我们理解 PBL/PtBL 中为何强调与学习环境互动、基于"问题"以及协作学习[2]。

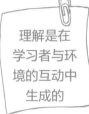

理解是在学习者与环境的互动中生成的

人们在与环境的互动中学习。个体的学习经历塑造了理解，学习的内容、背景，学习者的活动与目标等，都会影响理解。

与单向静态的知识传授不同，PBL/PtBL 首先为学生提供了一种能够与之互动的学习环境，学生在这种互动体验中建构理解。

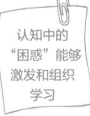

认知中的"困惑"能够激发和组织学习

学习者处于学习环境中时，存在着某种学习目标。这个目标不仅激发学习，而且是决定学习者关注什么、构建理解时激活哪些先前经验、最终构建了什么样理解的主要因素。

PBL 的基本原理之一，就是通过"问题"为学习者设置"困惑"，这种认知冲突或困惑，将成为学生的学习目标，可以激发并组织学习。

知识可以通过协作来发展

不同个体的理解不会完全相同，但这种个体间的差异可以被观察到，其他个体的知识为我们测试自己理解提供了机制。

协作学习之所以重要，一方面是因为它提供机会让我们审视自己与他人理解的差异，他人的不同观点可以挑战我们已有观念并且作为困惑的来源来激发新的学习；另一方面是因为不同个体之间的协作，可以丰富、交织、拓展我们对于特定事物或者现象的理解。

2.2　关于学习的三个发现

这里分享三个关于学习的发现及其对教学的启示，帮助我们理解 PBL/PtBL 中为何强调激活既有知识、发展专家技能、提供反思机会[2]，见表 2-1。

表 2-1　关于学习的发现及其对教学的启示与指导

发现	解释	启示	对教学设计的指导
激活既有知识	学生们带着关于世界如何运作的先入之见来到教室。如果他们这些最初的理解没有与新知识的学习发生联系，他们就可能无法掌握所教授的新概念和信息，或者他们可能只是为了考试而学习，但在课堂之外又会回到他们的先入为主的观念中	对于学生带来的现有理解，老师必须将其挖掘出来并与之合作	应基于学生已有知识开展教学
发展专家技能	要发展探究某领域能力，学生必须能做到： ① 有深厚的事实性知识基础； ② 在概念框架下理解事实和想法； ③ 有效组织知识，便于检索提取和应用	老师须深入教授某些学科内容，提供许多例子来说明相同的概念，并提供坚实的事实性知识基础	应帮助学生发展专家技能
提供反思机会	"元认知"教学法通过让学生设定学习目标、监控实现这些目标的进展，来帮助学生学会掌控自己的学习	元认知技能的教学应纳入各种学科领域的课程中	应为学生提供反思机会，发展他们的元认知技能

2.3　学习科学的四个观点

这里讨论学习科学的四个观点：积极建构、社会交互、情境学习、认知工具。Krajcik 等认为这四个观点是 PtBL 的主要依据[3]。

积极建构

已有学习科学研究表明，学习者根据自己在世界中经验和互动积极建构意义时，深度理解就会发生。学习者如果只是被动地接收来自老师、电脑或书籍传递的信息，仅会带来浅层学习。

理解的建立是一个持续的动态过程，需要学生基于新的经验和知识，并结合先前的知识和经验，不断构建和重建他们所知道的东西。

教师和学习材料并不能向学习者揭示知识。学习者只有通过探索周围世界、观察并与现象互动、吸收新的观念、建立新旧观念间联系、与他人讨论和互动，才能够积极建构知识。

在 PBL 以及 PtBL 中，学生通过参与与专家类似的真实实践活动来积极建构他们的知识，以解决问题以及开发产品。

社会交互

学习科学研究中最为确凿的发现之一是社会交互在学习中的重要作用，学习是一个社会过程，学生通过与他人互动来学习。

最佳的学习结果来自一种特定类型的社会互动：当教师、学生和社区成员共同参与一个情境活动，共同构建理解。学习者通过与他人分享、使用和辩论思想来发展对原则和观念的理解，这种思想的来回分享、使用和辩论有助于创建一个学习者社区。

情境学习

学习科学研究表明，最有效的学习发生在学习处于真实、现实世界的背景下。

情境学习的一个好处是，学生更容易看到他们完成任务和活动的价值与意义。当学生按教科书中的详细步骤进行实验时，这几乎和被动听讲座一样效果不佳；但是，当他们设计自己的方案来解决重要问题时，他们能够看到所学知识的价值。

情境学习的第二个好处是能够更好推广到更广泛的情境中。当学习者通过记忆那些与重要且有意义的情境无关的离散事实来获取信息时，所产生的表面理解很难推广到新的情境。当学生按照教科书中的步骤参与实验时，他们并不能学会如何在课堂外应用这些步骤以及在何处应用。然而，当学生在有意义的背景中获取信息并将其与先前的知识和经验联系起来时，他们可以在新信息和先前知识之间建立联系，以发展更好、更广泛、更紧密的概念理解。

认知工具

认知工具是指那些可以增强学习者思维能力的技术或软件，能够帮助学生更好地理解和处理信息、发展高级能力的工具或技术。这些工具可以是物理的，如思维导图、图表、模型等，也可以是数字的，如在线学习管理系统、思维导图软件、模拟软件等。

学习科学研究已经证明了工具在学习中的重要作用，认知工具可以放大和拓展学生的学习能力。图表是一个认知工具的例子，可以帮助学习者看到数据中的模式。

各种形式的计算机软件可以被视为认知工具，因为它们使学习者能够执行在没有软件协助和支持的情况下无法完成的任务，在这种情况下，我们将计算机软件称为学习技术。

学习技术可以提供以下支持：（1）访问和收集各种科学数据和信息；（2）提供可视化和数据分析工具，类似于科学家使用的工具；（3）允许在不同地点之间进行协作和信息共享；（4）规划、构建和测试模型；（5）制作展示学生理解的多媒体文档。这些特性扩展了学生可以研究的问题范围以及学生可以体验的现象的数量和类型。

2.4　建构主义的两个假说

这里给出关于学习者在 PBL 中心理活动的两个假说，即激活—阐释假说和情境兴趣假说[4]。

激活—阐释假说　在学习新知识前，让学生对问题初步分析可以激活既有知识；小组讨论比个体问题分析更有效，而直接获取知识效果最差。

如果为学生安排"解释"任务，这样即使在没有其他学生的情况下，"解释"任务也可以引导学生进一步阐述他们的先验知识。

小组学习能够带来更显著效果，这表明，即使还没有获得新信息，学生只是对先前知识进行阐释，并开展小组内相互学习，也能够有效促进学生理解与问题相关的信息。

情境兴趣假说　情境兴趣假说认为，问题或难题会引发学生对某个主题进一步探索的愿望，从而导致注意力集中、专注，并愿意学习。

情境兴趣并不是一种稳定的或倾向性的兴趣形式，而是在遇到有趣或引人入胜的谜题或问题时，兴趣被激发出来。根据认知好奇心研究，人类具有一种自然倾向，试图理解世界，当他们遇到不理解的、异常事物时，就会引发情境兴趣，因为这种情况让他们意识到他们所知道的与他们想知道的之间存在知识差距。

情境兴趣假设指出，PBL 中的问题通过让学生意识到他们有一个需要弥补的知识差距，从而引发学生的情境兴趣。一个好的问题会在学生中产生足够的"燃料"，以支持他们进行独立自主学习。

2.5　认知学徒制

这里我们会看到，认知学徒制强调在与专家类似的真实实践中发展专家技能，同时让学生通过分享来使得认知过程外显化[5–6]。

传统学徒制

在传统学徒制中，学徒学习完成工作所需要的技能。学习是嵌入在社会性和功能性的情境当中的，学徒使用与专家相同的工具和材料、执行与专家从事的类似任务中学习。传统学校教育则不同，它的技能和知识通常是从现实世界中抽象出来的。

学徒制的教学是一种"观察—教练—练习"的组合方式。学徒首先仔细观察师傅们执行任务，通常包括一系列成分技能；随后在师傅指导和帮助下尝试执行任务，在学习每项成分技能时都会得到师傅的反馈。当学徒们掌握了越来越多技能之后，师傅们会减少指导，直到学生能够自己完成整个任务。

认知学徒制

传统学徒制主要局限在手艺等身体层面技能的发展，认知学徒制对此进行了拓展，强调认知技能（专家技能）的学习，因此包含的学习领域更加广泛。

具体来看，认知学徒制认为，学生应该学习如何像专业人士（医生、工程师、建筑师、教师或研究人员）那样思考和表现，其目标是成为该领域的专家，因此学习的目标就是发展专家技能。

专家技能通常包括能够看到对新手来说不明显的模式和含义，拥有深入且结构良好的领域知识，这些知识易于获取、易于检索、可迁移至不同情境，具有学习新信息的能力等。

认知学徒制从传统学徒制发展而来，二者具有如下共同之处：

（1）认同知识必须用来解决现实生活中的问题。

（2）既关注专家过程又关注情境学习：既鼓励学生对概念和事实的深刻理解，也鼓励学生建立知识与问题解决情境间的丰富联系。

（3）具有外显化的过程：传统学徒制中通过"观察—教练—练习"能够外显化手艺的学习过程，在认知学徒制教学中，也需要将认知过程外显化，即改变学习环境，使得认知这种内部思维过程，可以被学生观察、参与和实践。

基于认知学徒制理论，PBL 与 PtBL 强调在与专家类似的真实实践中发展专家技能；同时强调学生通过分享、制作手工制品等来使得认知过程外显化。

2.6　脚手架

　　这里一起来看看脚手架是什么，脚手架为学生在学习过程中提供支持，使他们能够完成可能无法独立完成的任务。这种支持可以帮助学生逐步掌握新的知识和技能，并最终能够独立进行学习和问题解决。脚手架在意义建构、表达和反思、管理探究和解决问题过程三个方面可以转变学习任务，使学习变得更高效[5]。

什么是脚手架

脚手架
（Scaffolding）

　　脚手架原本是建筑领域的术语，指用于支撑建筑物施工的临时结构。在教育学中，脚手架指的是教师或更有经验的学习者为帮助学生逐步掌握复杂任务或概念而提供的支持和指导。当学生逐渐掌握了必要的技能或理解后，这种支持会逐步减少，直至学生能够独立完成任务。

物理学
（量子力学）
中的脚手架

　　量子力学是一个非常抽象且复杂的主题，初学者往往难以直接理解和接受其基本原理。在教学过程中，教师可以先从经典物理学的某些概念出发，因为学生对此相对熟悉，然后再逐步过渡到量子理论。

　　例子：教师可以从波动现象入手，讲解光的双缝实验，并用波动理论解释光的干涉条纹。然后，可以引入电子的双缝实验，展示粒子表现出的波动性，从而引出波粒二象性的概念。这样，学生可以从已知的经典物理学逐步过渡到未知的量子领域，形成对量子力学的基础理解。

提到"脚手架"，本书中会涉及教学中与之常用的"认知工具"，两者并不相通。简单来说，脚手架是一种教学策略，而认知工具则是支持这种教学策略和学习过程的具体工具或技术。二者相辅相成，共同促进学生的学习和认知发展。尤其在现代技术工具的加持下，可以更好地增强学习效果。

在 PBL/PtBL/IDL 中，强调学生在真实实践中学习。然而，真实实践中的活动往往需要专家知识和技能，学生可能并不具备，这时候就需要为学生搭建脚手架。

在 PBL/PtBL/IDL 中，脚手架最重要的作用就是转变学习任务，使得学习目标更容易达成，更加富有成效。

与传统教学方法不同，脚手架是情境化教学法的要素，它将新技能的学习置于更复杂的任务之中，学生借助脚手架，能够完成真实世界中的或者专家级的复杂任务。此时，将指导嵌入情境是脚手架教学逻辑的本质。

脚手架的主要作用

脚手架在意义建构、表达和反思、管理探究和解决问题过程三个方面可以转变学习任务，使学习变得更高效[5]，具体包括：

脚手架能简化任务要素

比如老师与学生共同完成一个任务，由老师处理更难的部分，降低学生的认知负荷；同时脚手架可以捕捉破坏性错误，提高学生成功完成任务的可能性。

脚手架能够管理学习过程

通过脚手架为学生提供策略方面的帮助，让学生保持在问题解决的正确轨道上，从而能够持续完成大量工作并从解决问题经验中学习。

脚手架提供情感方面的支持

脚手架能够帮助学生建构专业知识和自信心，减少挫败感和风险，使他们保持学习兴趣。

脚手架能够帮助学生聚焦问题中容易忽视的方面

脚手架能够通过"标注关键特征"来指导学习者他们目前的工作与预期成果间的"差异"。通过把任务中学生容易想当然和回避的方面问题化，鼓励学生投入到对学习有效的复杂学习过程中。

脚手架能够促进学习者的解释和反思

成功获得问题答案或者解决问题，并不一定能保证学生的有效学习。因此，脚手架既要帮助学生成功获得答案，还要帮助学生建构解释。

总体来看，脚手架使得情境化的做中学成为可能。上述因素综合作用，学生可以在类似专家的任务情境中更有效地学习，可以在所学与真实情境之间建立联系、整合组织成分知识技能完成复杂问题、增进对学科价值和学科认识论的理解。

如何将脚手架嵌入学习环境

在教学设计中，可以将脚手架嵌入各种设计要素中，来实现脚手架功能。表2-2给出了三种常见嵌入方式[5]。

表2-2　脚手架嵌入学习环境的方式

脚手架嵌入方式	描述	发生作用的方式
将脚手架嵌入教与学互动中	在教学互动中，教师通过示范、建议、提问等方式，在学生当前能力水平与所需专家技能之间架起桥梁	帮助学生将容易忽略方面问题化； 示范学科特定策略； 引导学生表达所学内容； 学生与教师共同搭建脚手架，例如学生示范并分享策略； 培育学科学习的文化氛围
将脚手架嵌入学习活动和人工制品结构中	建立反映学科实践的经过设计的活动结构，并将脚手架嵌入其中	对活动结构过程中每个阶段的策略或者实践进行示范； 将这种责任逐渐转移到学生身上； 为学生分配清晰的角色来支持策略实施； 交互教学、协作脚本等
将脚手架嵌入认知工具中	软件实现的脚手架，减少学习中的无效操作，提供策略指导，使领域的结构更透明、支持表达和反思	计算工具能够降低无助于学习的复杂性； 将复杂数据集进行可视化； 通过软件工具帮助学生表达观点，对建构知识的会话作出贡献； 工具能够支持特定学科的实践； 将应用提示嵌入模拟、数据分析或者解释建构的工具当中，通过提出具体问题或对特定动作提供建议来引导学习

表 2-3 是 PBL/PtBL/IDL 三种创新教学模式的理论基础汇总。

表 2-3　PBL/PtBL/IDL 的理论基础

认知论的三个观点		
理解是在学习者与环境的互动中生成的	解释	通过与环境的互动，学习者能够在真实情境中应用和拓展他们的知识。脚手架和认知学徒制提供了这种互动机会，帮助学生在真实任务中构建理解
	关联	脚手架、认知学徒制
认知中的困惑能够激发和组织学习	解释	设置问题或困惑能激发学生的兴趣和学习动机，设置有趣的问题，引发学生的情境兴趣，脚手架帮助学生管理这种学习过程，确保学生在解决问题的过程中能够有效学习
	关联	情境兴趣假说、脚手架
知识可以通过协作来发展	解释	协作学习能够帮助学生外显化认知过程，激活和阐释他们的先前知识，从而通过协作深化理解。认知学徒制强调这种协作，并通过脚手架支持学生在协作中学习
	关联	激活—阐释假说、认知学徒制、脚手架
关于学习的三个发现		
学生带着关于世界如何运作的先入之见来到教室	解释	通过激活学生的先前知识（激活—阐释假设）和使用脚手架将新知识与已有知识联系起来，帮助学生更好地理解新概念
	关联	激活—阐释假说、脚手架
发展探究某领域能力需要深厚的事实性知识基础和概念框架	解释	认知学徒制强调在真实情境中学习专家技能，而脚手架帮助学生管理学习过程，从而建立深厚的知识基础和概念框架
	关联	认知学徒制、脚手架
元认知教学法通过设定目标和监控进展来帮助学生掌控学习	解释	脚手架通过提供策略和支持，帮助学生设定学习目标和监控进展，从而培养他们的元认知能力。情境兴趣假设通过设置有趣的问题，激发学生的学习动机
	关联	脚手架、情境兴趣假设

续表

学习科学的四个观点		
积极建构	解释	学习者通过不断建构和重建他们的知识来理解世界。脚手架支持这种建构过程，激活—阐释假说强调通过讨论和阐释激活学生的先前知识
	关联	激活—阐释假说、脚手架
社会交互	解释	通过与他人的互动，学生能够分享和检验他们的理解。认知学徒制和协作学习都强调在社会互动中发展认知技能
	关联	认知学徒制、协作学习
情境学习	解释	学习是嵌入在具体情境中的。认知学徒制强调在真实实践中学习，脚手架在这种情境中提供支持，使得复杂任务变得可行
	关联	认知学徒制、脚手架
认知工具	解释	工具和资源能够扩展学生的认知能力。脚手架作为认知工具，帮助学生管理学习任务，简化复杂的学习过程
	关联	脚手架
建构主义的两个假说		
激活—阐释假设	解释	通过激活学生的先前知识并进行阐释，学生能够更好地理解新信息。脚手架和社会交互支持这种激活和阐释过程
	关联	脚手架、社会交互
情境兴趣假设	解释	通过设置有趣的问题，引发学生的情境兴趣，脚手架在这种情境中提供支持，帮助学生集中注意力并解决问题
	关联	情境学习、脚手架

续表

认知学徒制与脚手架		
认知学徒制	解释	认知学徒制强调在真实情境中，通过观察、教练和练习，学生逐步掌握专家技能。脚手架在这一过程中提供支持，社会交互则促进学生与专家和同伴的互动
认知学徒制	关联	情境学习、社会交互、脚手架
脚手架	解释	脚手架在情境化的学习过程中提供支持，帮助学生简化任务、管理学习过程、提供情感支持、聚焦关键问题并促进解释和反思
脚手架	关联	激活—阐释假说、情境兴趣假说、情境学习、认知工具
总结		脚手架、认知学徒制、建构主义假设以及学习科学的观点相互关联，共同构成了 PBL、PtBL 和 IDL 的理论基础。它们共同强调在真实情境中，通过互动和协作，激活学生的先前知识，引发学习兴趣，并提供必要的支持，使得学生能够逐步发展专家技能和自主学习能力

第3章　PBL主要特征与流程

在 PBL 中，因为问题是复杂且非良构的，学习者需要分享其当前所具备的知识、在不同观点中进行协商、搜索信息、建构论点假设、提出并不断完善解决方案。

这一章首先给出 PBL 的主要特征，进而给出典型的 PBL 六步学习法流程。

3.1　PBL 主要特征

研究表明，PBL 应具有如下特征 [4][7]：

PBL 特征 1：学生必须对自己的学习负责；

PBL 特征 2：问题应具有真实情境并能够激发情境兴趣；

PBL 特征 3：问题应该是非良构；

PBL 特征 4：学生模仿专家在解决真实问题中学习；

PBL 特征 5：学习应该从广泛的学科或主题中进行整合；

PBL 特征 6：激活与阐释；

PBL 特征 7：合作至关重要；

PBL 特征 8：学生自主学习到的知识必须重新应用于问题的分析和解决；

PBL 特征 9：总结反思至关重要；

PBL 特征 10：考试应衡量学生在解决问题方面的进步。

PBL 特征 1：学生必须对自己的学习负责

PBL 是一种以学习者为中心的方法——学生根据他们当前的知识和经验与问题进行交互。研究表明，当学习者对问题的解决方案和过程负责，且具有学习自主权时，学习动机会增强。

具体来看，在 PBL 中，学习者需要公开表达他们所知道的和他们需要进一步学习的内容，承担起寻找相关信息的责任，并将其带回小组以帮助制定一个可行的解决方案。

PBL 特征 2：问题应具有真实情境并能够激发情境兴趣

PBL 中的问题应该能够让学生看到他们完成学习活动的价值与意义，能够看到自己所学如何应用于解决重要问题。

问题还应该能够激发学生情境兴趣，让他们意识到有一个需要弥补的知识差距，愿意通过学习来弥补这个差距。

PBL 特征 3：问题应该是非良构

PBL 中使用的问题必须是非良构，并允许进行自由探究。

在现实世界中，问题往往是非良构的（否则它们就不成其为问题）。通过 PBL 培养的关键技能之一是能够识别问题并制订解决方案。当一个问题被很好地结构化时，学习者对发展解决方案的动机较低，对其投入也会比较少。

PBL 特征 4：学生模仿专家在解决真实问题中学习

PBL 过程应反映本领域专家的工作方式，学生在与真正的专家实践相似的环境中学习。

例如，从科学教育看，科学的目标是解释和预测各种现象，为了回答这些问题，科学家参与科学实践：他们基于理论和先前的研究构建假说；设计研究方案，使他们能够使用工具和技术收集、分析和解释数据；进一步创建现象的解释，并对假说进行验证。

PBL 特征 5：
学习应该从广泛的学科或主题中进行整合

PBL 自主学习阶段，学生应该能够获取、学习并整合所有可能与理解和解决特定问题相关的学科的信息，就像现实世界中的人们在工作中需要回忆和应用来自不同来源的信息一样。信息迅速扩张鼓励了思想的交叉，促使新学科的发展。多重视角有助于更全面地理解问题，并推动更为健壮的解决方案。

PBL 特征 6：
激活与阐释

学生在学习新知识之前，解释问题、在小组讨论中相互学习，都能够帮助学生有效激活既有知识，其效果要明显好于让学生直接获取知识。

在 PBL 中，应为学生提供机会，让他们通过解释问题、与同伴讨论问题，实现对问题的初步分析，从而激活既有知识，初步构建心智模型并发现知识不足，为后面自主学习做准备。

PBL 特征 7：
合作至关重要

在毕业后的现实世界中，大多数学习者将发现自己需要与他人分享信息并与他人有效地合作。

PBL 提供了培养这些基本技能的框架。在 PBL 的讨论环节中，导师将向所有成员提问，以确保成员间就小组的问题共享信息。

PBL 特征 8：
学生自主学习到的知识必须重新应用于问题的分析和解决

学生自主学习的重点是个人收集信息，这些信息应该进一步应用于与问题解决有关的群体决策过程。

每位学习者都应分享其学到的知识，以及这些知识会如何影响问题解决方案的制订。

PBL 特征 9：
总结反思
至关重要

PBL 是一种非常引人入胜、激励人心和高度参与的体验式学习形式，学习者通常与问题的具体细节和提出的解决方案密切相关。

因此，PBL 最后阶段应开展反思总结，学习者在导师带领下，回顾整个 PBL 过程中遇到挑战、取得成就以及重要教训，深入思考在 PBL 中获得哪些知识、技能和见解，共同探讨改进的可能性，制订下一步计划等。

PBL 特征 10：
考试应衡量学生在解决问题方面的进步

PBL 的目标既是基于知识的，也是基于过程的。因此需要定期在这两方面对学生进行评估，以确保他们从 PBL 中受益。

学生应掌握他们通过参与解决问题所学习的课程内容，他们需要能够识别和表达他们所知道的和他们所学到的。

3.2 PBL 六步学习过程总体流程

基于上述特征，我们认为在设计学生的 PBL 过程时，应包含表 3–1 所示基本要素。

表 3-1 PBL 应包含要素

要素	解释
E1- 认知困惑	用认知冲突或者困惑激发以及组织学习
E2- 情境化学习	学生在现实任务的情境中学习
E3- 激活旧知	将新的学习建立在先前知识和经验之上
E4- 公开表达	学习者公开表达他们已经知道的和他们需要进一步学习的内容

要素	解释
E5- 社会交互	学生观察自己理解与他人理解间差异，对自己既有观念形成挑战
E6- 小组合作	个人接受寻找相关信息的责任，并将其带回团队，以帮助制定可行的解决方案
E7- 个人目标	学生建立个人目标来寻求技能和解决方案，在PBL中对应确定自主学习问题
E8- 自主探索	让学生基于自己提出的问题寻求答案，在PBL中对应基于学习问题开展自主学习
E9- 详细阐释	对自主学习内容进行详细阐释，提升对于知识的长期记忆并促进知识间联系
E10- 总结反思	总结分析从解决问题中学到了什么，有什么可以改进，制订下一步计划等

PBL 六步学习法

图3-1中是一种常用的PBL六步学习法，我们给出了每一步的名称，同时标出了每一步包含的表3-1中要素，具体来看包括：

第1步（S1）：观察问题。学生独立观察问题，他们会产生"困惑"，学习由此激发，形成初步思考。

第2步（S2）：建立初步假设。学生将初步思考带到小组中，并通过小组合作建立一个解释问题描述中现象的暂时理论，由此在学生心智中构建一个认知结构，这个结构有助于理解新信息。

第3步（S3）：确定学习问题。教师提供更多信息，学生基于对问题的初步分析以及新获取的这些信息，找出自身知识的不足，从而为下一阶段的自主学习提出学习问题。

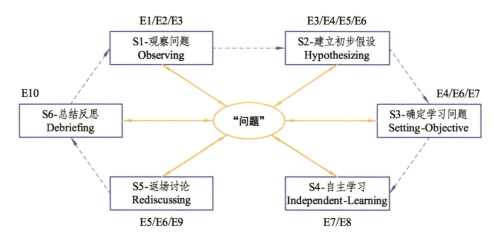

图 3-1　PBL 六步学习过程及各步对应要素

第 4 步（S4）：自主学习。学生通过个人自主学习，探索已确定的学习问题。

第 5 步（S5）：返场讨论。学生在自主学习中学到的东西必须通过重新分析和解决问题来应用，因此在自主学习后，学生将回到他们的小组，继续讨论问题并重新建构对问题的理解。

第 6 步（S6）：总结反思。学生通过反思他们学到的东西及所采用策略的有效性来结束 PBL，从而促进学生的独立性和元认知技能发展。

PBL 六步法更为详细的内容参见第 10 章。在设计自己的 PBL 教学时，老师们可以基于六步法模型进行改进，使之更适合自己的教学。

PBL 六步学习过程的学时安排

需要注意的是，不同课程、不同教师设计的 PBL 所面对问题的大小、学习需要花费的时间可能会存在很大差异，这里的 PBL 六步学习过程主要针对课内、课外共 10 学时左右的教学单元。

表 3–2 给出了学时的安排建议，课内学时 2~4 个，课外学时 2~6 个，合计 4~10 个学时。教师可以根据具体情况进行调整，但应保持"课堂学习＋自主学习＋课堂学习"这种基本学习形式。

表 3-2　PBL 六步学习过程学时建议

学习形式	对应的 PBL 步骤	建议学时
第 1 次课堂学习（课内）	S1+S2+S3	1~2
学生自主学习（课外）	S4	2~6
第 2 次课堂学习（课内）	S5+S6	1~2

学习形式	PBL 步骤	对应基本要素	建议学时
第 1 次课堂学习（课内）	S1：观察问题	E1：认知困惑、E2：情境化学习、E3：激活旧知	1~2
	S2：建立假设	E3：激活旧知、E4：公开表达、E5：社会交互、E6：小组合作	
	S3：确定问题	E4：公开表达、E6：小组合作、E7：个人目标	
学生自主学习（课外）	S4：自主学习	E7：个人目标、E8：自主探索	2~6
第 2 次课堂学习（课内）	S5：返场讨论	E9：详细阐释、E5：社会交互、E6：小组合作	1~2
	S6：总结反思	E10：总结反思、E4：公开表达	

第4章　PtBL重要特征与流程

　　正如第一章指出的，PtBL可以看作广义PBL的子集，因此PBL的很多特征，如学生应对自己的学习负责、应激发学生情境化兴趣、合作与反思至关重要等，在PtBL中也同样适用，这一章就不再重复。

　　本章将首先提出PtBL的四个重要特征，随后初步讨论PtBL的总体流程。

4.1　PtBL 重要特征

　　下面我们主要强调四个对PtBL更为显性的重要特征[5]：

　　PtBL 重要特征 1：学生在与真正的专家实践相似的环境中学习；

　　PtBL 重要特征 2：将"手工制品"作为任务主要成果，但不是教学的目标；

　　PtBL 重要特征 3：尽量将学生放入专家级的复杂任务中并帮助他们成功；

　　PtBL 重要特征 4：注重团队合作与进度管理。

PtBL 重要特征 1:
学生在与真正的
专家实践相似的
环境中学习

PtBL 应反映本领域专家的工作方式，让学生在与真正的专家实践相似的环境中学习。

尽管在 PBL 中，也强调让学生面对真实问题去学习，但总体来看，因为最终目标是"理解"，因此主要采用详细阐释、小组讨论、建立个人学习目标、反思等学习环节，对于用"专家实践"的方式去解决问题强调不多。

举例来说，在科学教育中，PBL 意味着学生面对问题中的"困惑"，通过小组合作、自主学习等方式在寻求解释过程中来"理解"；具体来看，他们通过初步假设、自主学习来自不同来源的信息、详细阐释、反思等不断构建自己的心智模型，不断加深理解。

相应的，PtBL 则需要模仿科学家所开展的科学实践：基于理论和先前研究构建假说——设计研究方案——使用工具和技术收集、分析和解释数据——进一步开展实践并创建对现象的解释——对假说进行验证。显然，与 PBL 不同之处在于，学生不是通过学习各种学习资源来建构自己的理解，他们需要设计并完成实验方案，通过与专家相似的方式来探究知识。

同样，在工程、法律等各个学科中，我们都能够找到专家的专业实践工作方式。因此 PtBL 的本质就是让学生按照与专家实践相似的方式去学习。

PtBL 重要特征 2:
将"手工制品"
作为任务主要成
果，但不是教学
的目标

在第一章中我们已经强调过"手工制品"在 PtBL 中的重要作用。

由于 PtBL 中学生是面对"任务"来学习，因此完成"任务"事实上就是制作出符合要求的"手工制品"。

在第二篇教学设计中我们会谈到，PtBL 需要完成的"任务"是支撑教学目标达成的，这也就意味着，"手工制品"的完成情况很大程度上就是教学目标的达成情况。

但这里还需要强调另外一个问题，在考核中，不能简单将"手工制品"完成质量作为学生学习质量的评价。学生有可能在失败的项目中学到了比成功项目更多的东西，因此重要的是评价学生应用整合知识技能的能力。

PtBL 重要特征 3：
尽量将学生放入
专家级的复杂任
务中并帮助他们
成功

基于项目的课程，一般会要求学生在一个学期内设计和构建他们自己的系统。但在这些课程中，学生往往都是从头开始创建自己的小项目，这些项目与真正的专家级复杂任务相差太远，学生既无法发展出专家技能，也无法培养出解决真实问题的信心。

我们建议在设计项目时，应尽量让学生完成专家级的复杂任务。但这些项目往往对学生来说太大、太复杂、太难，因此有时看起来似乎不可能成功。对此，我们的建议是尽可能通过搭建脚手架、引入认知工具、采用认知学徒制等方法帮助学生成功。

教例【4-1】中课程充分体现了认知学徒制框架下必须做的两件事情：（1）老师必须"识别任务的过程，并使其对学生可见"。（2）老师必须"将抽象任务置于真实环境中，使学生理解工作的相关性"。此外，课程中还采用 AI 大模型等认知工具。同时课程为学生修改功能时提供的代码也为学生搭建了脚手架。

教例 4-1

这里我们分享一篇发表在第 55 届 ACM 计算机科学教育技术研讨会上的论文，论文介绍了美国加利福尼亚大学圣地亚哥分校开设的一门名为"与大型代码库一起工作"的课程[8]。

● 文中指出，现有的基于项目的高级软件工程课程，往往要求学生在一个学期内设计和构建他们自己的系统。在这些项目中，学生从头开始创建自己的小项目，而不是为现有的可能拥有数百万行代码的大型代码库作出贡献，但后者才是工业界对软件工程师的真正期望。

● 针对这个问题，该课程采用认知学徒制方法，提供一个真实的课堂体验，强调了现实软件工程中涉及的隐含过程和技术，旨在引导学生能够熟悉和理解大型代码库所涉及的技能和工作流程。调查表明，课程结束时，学生普遍反映出很高的效能感，即对自己解决问题的能力充满信心。

● 尽管只有 1 名教师、2 名助教，课程可以支持每个学生完成 3 个个人项目和 1 个小组项目，并为每位学生提供个性化反馈，帮助他们成功。课程带给我们的启示包括：

① 该课程为学生创设了"与大型代码库一起工作"这样的专家级复杂任务。

② 在讲座中将学生需要学习的技能显性地展示给学生看，并立即布置任务。在学生完成任务的 10~15 分钟内，教师团队在教室里走动，为陷入困境的学生提供指导，并为已经完成活动的学生提供反馈。

③ 鼓励学生使用 ChatGPT、Github Copilot 等工具，因而绝大部分学生将这些工具应用到项目开发中，正如目前工业界所通行的做法。

PtBL 重要特征
4：注重团队合
作与进度管理

一般来说，与 PBL 相比，PtBL 的学习周期更长、完成的任务也更复杂，因此学生团队的合作以及对项目进度的把控直接决定了项目的成败以及质量。因此应将发展学生的团队合作能力、项目管理能力等列入 PtBL 的教学目标中。

在 PtBL 教学中，也应设置相应的教学环节，如项目启动时可以融入团队建设，同时引入专业化的项目管理工具等。

在考核环节，应该有对团队合作情况以及项目管理等的评价。

4.2　PtBL 总体流程

来自实践的 PtBL 往往涉及比较复杂的任务，项目成果是制造"手工制品"，因此需要的时间周期往往比较长（比如一个学期），需要用到的知识技能也比较多。显然，如果仅仅将项目布置给学生，让学生自主完成项目，很可能会导致学生无法完成项目，或者完成项目质量不高。

手工制品作为项目成果，尽管在 PtBL 中作为学习目标的外化表现形式，但教师真正应该关注的，还应该是学习目标的达成情况。也就是说，PtBL 的目标不是制作手工制品，而是促进学生在学科知识和通用技能等方面的发展。因此，如果教师不能在 PtBL 中很好引导学生，学生很可能只是实现了"手工制品"，但并没有真正达成学习目标。

为了降低 PtBL 失败的风险，教师必须精心设计学生的学习过程。下面我们给出 PtBL 的总体流程。

图 4-1 中给出了 PtBL 总体流程，具体来看：

学习从情境化的"任务"开始；

项目启动阶段，学生进行团队建设、分析总体任务，明确学习目标；

将任务拆解为若干个子任务，每个子任务涵盖若干成分知识技能，学生在完成子任务过程中学习应用特别是整合这些成分知识技能；

最后一个子任务将导向总体任务。学生在完成总体任务后，应该有机会对制作完成的手工制品进行测试、获得反馈，并据此进行改进；

应为学生提供展示"手工制品"的机会；

在整个学期内学生的工作有机会不断被评价并得到反馈，特别在某些关键知识技能处应插入评价探针。

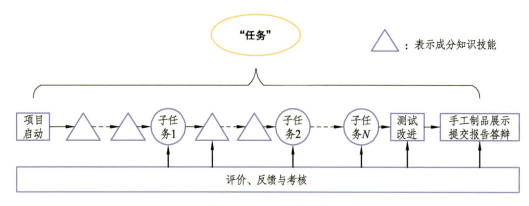

图 4-1　PtBL 总体流程

第5章　导向深层学习的教学原理

这一章首先指出教授主义（Instructionism）会带来仅对事实和程序进行记忆和模仿的浅层学习，无法适应当今的知识经济社会，随后比较了深层学习与传统教学实践，提出学生深层学习的六个特征，并进一步总结提炼出支持深层学习的八条教学原则。

我们认为，无论采用何种教学模式，促进学生实施以应用和迁移能力培养为目标的深层学习，都是教学设计的最重要目的，因而本章内容将为PBL/PtBL/IDL教学创新设计建立指导原则和评价标准。

5.1　浅层学习与深层学习

Smith等指出[9]，一般来看，浅层学习的参与度低，通常侧重于记忆或应用，不涉及反思的程序性知识，学生往往为了获得及格分数而学习。

相比之下，深层学习需要建立对于学习内容的理解并赋予其意义。因此，学生更关注学习内容各方面间的关系，他们会提出关于问题或概念结构的假设，并更多表现出获得学习和理解的内在兴趣。总体来看，深层学习能够带来更高质量的学习成果。

教授主义（Instructionism）带来浅层学习

学生的浅层学习往往与基于教授主义的课堂实践有关。

具体来看，教授主义基于以下假设[5]：知识是有关世界的"事实"以及有关问题解决的"程序"的集合；教学目标是将这些事实和程序灌输到学生头脑中，因此教师的职责也就是将这些内容传达给学生；学习总是按照从简单到复杂，以及教科书确定的先后顺序进行的；考核主要测试学生掌握了多少事实和程序。

索耶进而指出[5]，教授主义所培养出的人才，仅仅靠对事实和程序的记忆和模仿，已经无法适应当今的知识经济社会。

深层学习与传统课堂实践的比较

高等教育所培养出的毕业生，应该能够在三个方面形成对复杂概念的深刻理解[5]：一方面要知道在何种情境下运用对应的知识（应用），同时能够根据不同的新情境对其进行恰当的修正（迁移），并且能够利用这些概念创造出新概念、新理论、新产品和新知识（创造）。此外，毕业生还需要具有批判性思维、科学思维和数学思维，能够以口头和书面的形式清晰地表达自己的观点；他们应该能够对知识进行有效整合，并具有反思自己学习的能力。

索耶指出[5]，当学生学习的不是表面知识而是深层知识，并且学习如何在真实情境与实践环境中运用这些知识时，学生能够学习得更好，并进而基于认知科学的发现，对比了深层学习与传统课堂实践的区别，如表 5–1 所示。

表5-1　深层学习与传统课堂实践的比较 [5]

传统课堂实践（教授主义）	深层学习（认知科学的发现）
学习者认为课程材料与其已有的知识是无关的	要求学习者在新旧知识、概念、经验间建立联系
学习者将课程材料视为不连贯的知识碎片	要求学习者将他们的知识整合到相关概念系统中
学习者在不理解知识原理和过程的情况下，对事实和程序进行记忆和执行	要求学习者寻找探索模型和基本原理
学习者很难理解与课本问题不同的新观点	要求学习者对新观点进行评价，并将新观点与结论相互联系
学习者将事实与程序视为全知的权威所传授的静态知识	要求学习者了解知识产生的对话过程，还要求学习者批判性地检视对话的逻辑
学习者仅仅记忆知识，并不对他们的学习目的和学习策略进行反思	要求学习者对自己的理解以及学习过程进行反思

深层学习的特征

如何知道学生是否进入深层学习呢？基于学习科学相关原理，我们提出六个方面的特征，如图 5-1 所示，具体包括：学生学习动机被有效激发，学生的旧知被有效激活，学生能够"理解"成分技能，学生能够形成具有丰富联系的知识框架，学生能够基于所学进行应用、迁移和创造，学生具有元认知的能力。

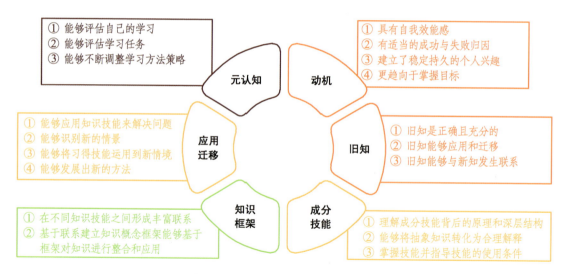

图 5-1　学生进入深层学习的特征表现

5.2　导向深层学习的教学原则

这里我们给出 8 条导向深层学习的教学原则：

原则 1：教学中应有效激发且维持学生的学习动机；

原则 2：应基于学生已有知识开展教学；

原则 3：以应用与迁移为主要教学目标开展教学；

原则 4：创设"学生参与的真实实践"环境；

原则 5：为学生提供外化和表达所学的机会；

原则 6：为学生提供协作学习的机会；

原则 7：为学生提供适当的支持与指导；

原则 8：帮助学生成长为终身学习者。

原则 1：教学中应有效激发且维持学生的学习动机

安布罗斯等指出，学生的学习动机激发、引导和维持他们的学习活动[10]。

从学习科学研究来看，Linnenbrink 等指出，动机和认知技巧相互作用，共同决定了学生的学习和学业表现[11]。并且，不应简单给学生贴上"有动机的""无动机的"这样的标签，并将学生学业失败简单归结为动机不足。在教学中，通过有效的教学设计和实施，是可以提高所有学生的学习动机的。

研究表明，通过提升学生自我效能感，对成功及失败形成积极且恰当的归因，通过激发个人兴趣建立内在动机，以及鼓励学生更多掌握目标而非表现目标取向，可以有效提升学生学习动机。

原则 2：应基于学生已有知识开展教学

深层学习意味着学生能够在新旧知识、概念、经验间建立联系。

安布罗斯等指出，学生已有知识会促进或者阻碍其学习。如果学生能够将新知识建立在牢固和准确的已有知识之上，在新旧知识之间形成连接，就可以建构出更加复杂的知识结构[10]，新知识也就更不容易遗忘，且更容易应用和迁移。

梅里尔进一步指出，仅仅简单地回忆信息几乎无法激活先前经验，因此如果学习者具有相关经验，可以给他们提供示证已知的机会来激活经验。如果学生没有足够的相关经验，那么首先就应该为他们提供真实或模拟的经验，为新知识学习奠定基础，而不是直接给出抽象的新知识[12]。

原则 3：以应用与迁移为主要目标开展教学

我们应该认识到，一方面，课程教学的目的不是让学生学习和记忆一大堆分离、零散、惰性的知识，而是学会应用这些知识，即通过解决问题建立知识间联系并发展技能；另一方面，在课程中，教师只能帮助学生学习到整个学习领域里很小范围的知识和技能，因而需要帮助学生能够将内在的有限的知识技能迁移到许多其他环境、情况和问题中去。因此，让学生学会应用和迁移应该成为教学的主要目标。

具体来看，课程应该让学生能够应用所学习的知识技能来解决问题，而且能够识别出新的情境，能够将习得的知识技能运用到新情境中去，并且发展出新的方法。

原则 4：创设"学生参与的真实实践"环境

学习科学的核心基础观点之一，是学生如果参与到与学科专家类似的日常活动中，他们就能学到更深层的知识，即参与真实实践（Authentic Practice）。专业知识的本质，是情境性的、实践性的、通过协作产生的[5]。

因此，在教学中，应为学生创设与专家实践类似的、真实的、有意义的、符合学生发展特点的简化版本。让学生有机会接受真实问题的挑战，并在解决问题过程中学习新知识，他们有机会不断整合、应用并迁移他们所学到的知识，获得能够有效激发他们的评价、反馈与体验。

原则 5：为学生提供外化和表达所学的机会

学习科学研究表明，当学习者外化（Externalize）并表达（Articulate）自己正在形成的知识时，学习会更有效[5]。

最好的学习方式是，从知识尚未成形时学生就尝试对其进行表达，且这种表达贯穿整个学习过程，表达与学习相互加强。这正是 PBL 六步学习过程的基础。

研究表明，在有脚手架支撑的环境下表达，效果更好——学生被引导表达特定的知识，并采用最有可能引发反思的形式进行表达。

在 PtBL 中，手工制品可以作为学生外化和表达所学的载体。在创造手工制品过程中，学生建构自己的理解、应用所学的技能，并基于测试评价手工制品开展反思。

原则 6：为学生提供协作学习的机会

研究表明，与那些在竞争性或基于个人主义的结构化学习环境中的学习者相比，合作小组中的成员能得到更多的学习收获[5]。

在 PBL 中，协作会话是小组学习与个人学习的中介。当学习者在学习过程中产生疑问并听取解释时，学习兴趣会得到提高。因此学习参与者必须形成准确的阐述性发言和问题使得讨论有效，同时应明确自己的已有知识从而建立新的连接。

协作可以揭示和弥合知识差距和错误理解，讨论能让学生反思推理过程从而促进观念转变，思想和表达的共识及共建会影响学习者后续的、持续的互动。

学习者不会自发开展协作，需要借助模型或者指导来发展并应用协作能力，如反向思考、积极聆听、批判性评价及尊重他人意见。

De Hei 等开发了小组学习活动教学设计框架[13]，指导教师设计协作学习环境，通过让教师在协作学习的多个组件间进行对齐设计，增加协作学习达到预期学习成果的可能性。该框架由八个部分组成：①互动；②学习目标和成果；③评估；④任务特征；⑤结构化；⑥指导；⑦小组构成；⑧设施。

原则 7：为学生提供适当的支持与指导

在 PBL/PtBL/IDL 中教师角色与传统教学教师角色有很大不同，教师应促进或激活学生的学习，并通过鼓励所有成员的积极参与、监控学习质量并在必要时进行干预来促进有效的小组运作。

教师还应在学生学习的脚手架搭建中扮演积极的角色，通过提供认知框架、认知工具等，帮助学生能够自行构建知识。

教师还可以采用认知学徒制，向学生进行示范，外化知识学习过程与思维过程，帮助学生深入思考并高效学习。

虽然学科专家可能擅长利用他们的学科专业知识来指导学生的讨论，但是他们还应知道何时以及如何利用他们的学科专业知识来促进学生的学习对学生更有益。因此，理想情况下，教师应既是各自学科领域的专家，又是促进学生学习过程的专家。

教师在引导学生进行反思，特别提高他们的元认知能力方面，应该发挥重大作用。

教师提供的支持和指导，应随着学习过程的推进逐步减少。即在学习之初，提供更多的资源、脚手架、学习策略等，随后应逐步帮助学生更加自主地学习。

原则 8：帮助学生成长为终身学习者

要想成为终身学习者，学生必须学会：评估任务的要求、评价自己的知识和技能、设计自己的学习方法、监控自己的学习进步、根据需要调整自己的学习策略。

学生应具备元认知技能，能够管理自己的学习，即不断发现存在问题、知道如何改进，具体包括：识别出已有知识中与任务相关的知识、明确自己还需要学习什么技能、规划独立学习新知识所采用方法、重新界定自己能够切实完成的项目范围、不断监控和调整自己所采用的方法。

为了帮助学生成为终身学习者，在教学中要帮助学生：评估手头任务、评估自己的优势和劣势、规划适当的方法、策略运用和行为监控、反思并调整学习方法、建立关于智力和学习的信念。

第二篇：

方法篇

第6章 PBL/PtBL/IDL教学创新设计概述 ——IFMOS五步法

本章首先分析产出导向的逆向式教学设计，进而提出 IFMOS 教学创新设计方法，为 PBL/PtBL/IDL 课程教学设计提供框架。我们介绍了 IFMOS 包含的五个步骤，分析了设计要点，给出了设计用表。

6.1 产出导向（OBE）的逆向式教学设计

传统教学中往往存在如下两个误区[14]，即灌输式教学和活动导向的设计，尽管两者表现形式不同，但总体来看，都存在着没有适当的教学目标，或教学目标缺乏清晰的教学活动架构来支持等问题。

产出导向（Outcome-Based Education，OBE）将教育目标和结果作为教学活动的基础，通过明确和量化预期的学习成果，确保学生能够获得特定的知识、技能和能力，因而可以有效支撑逆向式教学设计。

误区1：灌输式教学

"灌输式教学"在大学教学中较为常见，我们也常常称其为"话题罗列式"教学设计[10]，我们基于教例【6-1】对其进行分析。

"话题罗列式"教学设计

　　王老师正在为下学期一门64学时的新课做准备。他找到一本比较通用的教材。教材共分7章，每章4个小节，因此安排每个小节授课2个学时，共需要56学时，剩下的8个学时，安排习题课和复习课。根据教材王老师确定了需要讲授的内容，并制作了PPT。此外，还准备了课后练习题，以及半期和期末考试题。这样王老师就完成了这门课程的教学设计。大家可以仔细思考下，这种教学设计存在的主要问题是什么呢？

对"灌输式教学"的反思

我们有可能把知识灌输到学生头脑中吗？显然，这种教学能够达到的最好效果，就是把这本教材的内容"灌输"到学生的头脑中。但即使这一点，我们也很难做到。学生的学习是建构式的，他们需要通过建立联系、应用、反思等深层思维活动，才能够把外界知识内化为自己头脑中的知识。如果知识凭简单的"记忆"学习，并通过"回忆"来考试，这样的知识是零散的、很容易遗忘的。

把知识灌输到学生头脑中就够了吗？我们必须认识到，在学校里我们能够教给学生的东西是非常有限的，他们必须学会如何应用所学，并且进行迁移。也就是说，应用和迁移才应该是我们教学的重点。

学生能够被这样的教学激发吗？在教学中激发学生的学习动机，是取得成功最为关键的要素。为了做到这一点，教师需要激发并保持学生的学习兴趣，让他们完成一个个具有挑战性的小任务获得成就感，让他们感觉自己的学习是有价值的，帮助他们不断反思自己的学习，这些都无法在简单的"灌输"式学习中获得。

误区 2：活动导向的设计

"活动导向的设计"在中小学比较常见，但在大学教学中，经常会被误认为是教学创新，下面我们来看教例【6-2】。

活动导向的教学设计

李老师是"体育与健康"课程教师。这门课程不是传统的体育课程，而是一门通识课程。李老师为了让学生积极参与课程，安排了丰富的教学活动。学生在课程中会亲身体验篮球、排球、羽毛球、乒乓球、游泳、自行车、攀岩等多种体育活动，会去现场观摩至少一场体育比赛，老师也提供了大量比赛视频资源，供学生观看。

教例 6-2

对"活动导向的设计"的反思

课程的教学目标是明确的吗？ 虽然调动了学生参与积极性，但作为一门通识课程，它应该有更加清晰的智力与素质目标，比如让学生了解体育、欣赏体育、懂得体育、掌握基本的体育与健康知识（如体能、减肥、安全等），成为具备体育与健康素养的人，等等。这些在目前的课程中都没有体现出来。

每次教学活动与课程教学目标的关系是什么？ 尽管每次教学活动很丰富，但如何通过这些教学活动支持课程教学目标达成，这一点在教学设计中也没有考虑到。比如一次篮球体验课程，不是简单让学生打球，可以让学生有作为不同位置球员、裁判、观众甚至解说员的体验，帮助他们更好理解篮球的比赛规则、合作关系、运动保护等。

不同教学活动之间的关系是什么？ 不同教学活动之间如何关联，它们的先后次序如何，它们之间如何逐步迭代，最终架构起完整的学生学习体验，支持教学目标达成。比如是否可以从单人的跑步、健身、游泳运动开始，然后到 1 对 1 的羽毛球、乒乓球再到团队合作的篮球、排球等。

显然，"活动导向的设计"不当之处在于"只动手不动脑"。有可能活动纵然有趣，学生参与度也很高，但学生没有能够获得智力与素质成长。

OBE 逆向式教学设计的三个阶段

已有大量文献讨论大学课程的教学设计。总体来看，近年来较为通用的方法，是"逆向教学设计"，换句话说，从课程的预期教学成果开始进行设计。威金斯等在《追求理解的教学设计》[14] 中，明确提出了逆向设计的三个阶段。

阶段 1　确定课程教学目标课程预期成果是什么

尽管逆向设计要求我们从教学目标开始设计课程，但在实践过程中，这种方法往往并不容易实现，尤其对于新老师来说更是如此。因为很可能一开始设计的教学目标，与后面的教学内容、教学策略、评估方法等很难对应起来，最初的教学目标被置之不理或者根本推翻。

产出导向（OBE）的核心思想是将教育目标和结果作为教学活动的基础，通过明确和量化预期的学习成果，确保学生能够获得特定的知识、技能和能力。在 OBE 框架下，教学设计侧重于确定预期学习结果，并通过有效的课程设计、评估和反馈机制，促进学生的终身学习，培养其适应不断变化的社会和职业需求的能力。

因此，基于OBE理念，我们将教学设计第一步设定为"确定预期结果"，这不是空洞抽象的目标，而是认真思考学生学习完课程之后，应该知道什么、理解什么、能够做什么。

我们始终要记住，学生需要从课程中学习到的东西，总是比我们在有限时间里能够讲授的内容要多得多，所以我们必须在教学内容之中做出选择，而这种选择所要遵循的原则，就是由课程最终预期的结果决定的。而为了达成预期结果，除了需要选择学习内容，我们还需要明确不同学习内容的重要性。

阶段 2　制订评价方案：是否取得了预期学习成果

我们如何知道学生是否已经取得了预期学习成果？或者说教学目标是否达成？哪些证据能够证明学生的理解和掌握程度？从 OBE 理念出发，我们要根据收集的评估证据来思考单元或者课程教学，而不是简单地根据要讲的内容或是一系列的学习活动来思考。

在传统教学设计中，老师们往往没有意识到，评价最重要的作用就是知晓教学目标的达成情况，或者说评价学生的学习是否取得了预期成果。

总体来看，我们可能既需要评价课程最终达成的总的成果，从而不断改进教学策略，也需要在教学过程中不断开展评价，据此调整我们的教学策略，也让学生有机会不断调整自己的学习策略。

> **阶段3 设计教学内容与策略：如何教学能够取得预期成果**

这个阶段我们必须思考如下关键问题：一是教学内容，如果学生要有效地开展学习并取得预期成果（解决问题），他们需要哪些知识和技能？二是教学过程，哪些教学活动可以使学生获得所需知识和技能，我们应该如何安排这些教学活动？

总体来看，我们需要确定教哪些内容，指导学生做什么，以及如何用最恰当的方式开展教学？要完成这些目标，哪些材料和资源是最合适的。

6.2　IFMOS 教学创新设计方法

基于三阶段逆向式教学设计原理，针对 PBL/PtBL/IDL 自身特点，这里我们提出一种课程教学创新设计方法，它包含五个步骤：初始化设计、框架设计、模块设计、原型设计、自评估设计，如图 6-1 所示，我们将其称为 IFMOS 教学创新设计方法。下面我们介绍流程中的每个步骤，同时给出设计用表。

图 6-1　IFMOS 教学创新设计方法总体流程

IFMOS-S1：初始化设计

您即将开始尝试从逆向式设计的角度思考课程。尽管这一步完成的设计可能会随着后面步骤的不断优化而被修正甚至完全取代，这一步的思考仍然至关重要。

在设计开始阶段，教师应收集与课程相关的所有材料，如外部标准、专业培养方案、课程外部需求、课程简介、教学大纲、教材教案、学情与学习分析等。

基于上述材料，基于逆向式教学设计基本框架，对课程进行初始化设计，初步确定课程的教学目标、教学评价、教学主要内容和教学策略，流程如图 6-2 所示。

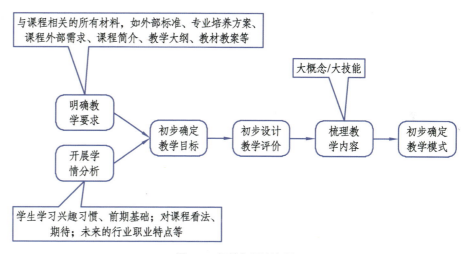

图 6-2　初始化设计流程

1. 用大概念 / 大技能来梳理教学内容

注意教学内容部分，不要简单罗列教材和教案的标题，要梳理出"大概念"和"大技能"。

仔细思考会发现，课程中不同知识技能的重要性是不同的，有的更具有价值，有的知识技能能够提供结构，将其他知识技能组织起来。

这些知识技能很有可能就是所谓的"大概念"或者"大技能"。这里的"大"，并不一定是内容广泛，更强调的是其重要性和结构性。因此，"大概念"和"大技能"，是指在教学中，那些格外重要、我们希望学生能够进行有效迁移，同时能够提供结构特征来将零散的知识技能组织起来的"概念性知识"和"程序性知识"。

注意在课程中，往往大量的知识和技能是交织在一起的，但仔细分析我们会发现，很多知识技能是为更"大"的知识技能服务的。因此，我们需要认真梳理这些知识技能背后的逻辑关系，进而找到大概念 / 大技能。

不同课程大概念 / 大技能的数量可能不同，但我们认为提取出来的大概念 / 大技能最好在 20 个以内。有时我们会发现，一个大概念 / 大技能贯穿了多个章节。

对于整理出的大概念 / 大技能，应进一步思考是否某些大概念 / 大技能是为更重要的大概念 / 大技能服务的？建议让大概念 / 大技能的数量尽量少，因为大概念是提供知识组织结构的，它可以有效地帮助学生将知识组织起来。如果大概念数量过多，学生在整合这些大概念时可能会遇到困难。

2. 初步确定教学模式

这里我们从三个维度上定义教学模式，如表 6-1 所示。

需要注意的是，在"学科领域"维度，"单学科"课程可能会包含跨学科内容。具有真实情境的问题或者任务，往往都是跨学科的，在设计中一定要仔细思考课程的这个维度。

表 6-1　教学模式的三个维度

维度	类别	特点
维度 1： 时间跨度	全课程	• 整门课程均采用 PBL/PtBL • 学生较多自主学习 • 教师主要角色是设计学习经历、构建学习环境，较少直接传授知识
	部分模块	• 部分模块采用 PBL/PtBL，其余为讲授式，解决课时不够的问题 • PBL/PtBL 部分学生较多自主学习
维度 2： 学习模式	PBL	• 学生针对具有真实情境的"问题"建立解释，从而形成对概念性知识深层理解 • 不强调"手工制品"
	PtBL	• 学生完成具有真实情境的"任务"，从而掌握程序性知识 • 强调"手工制品"
维度 3： 学科领域	单学科	• 课程本身具有明确的知识体系，主要目标是掌握单一学科知识技能 • 往往是一门校内 / 外已有课程 • 在"问题"或"任务"情境化过程中，可能会引入跨学科内容
	跨学科	• 在课程设计之初，尚未形成明确的需要教授的知识体系 • 主要目标是让学生整合多个学科的知识技能，解决跨学科问题 • 往往是一门需要从头开始构建的全新课程

3. 课程教学模式示例：全课程 PtBL

下面给出几种课程教学模式示例，这里我们主要考虑"时间跨度"和"学习模式"两个维度，因此设计出的几种教学模式，既可以用于"单学科"可以是"跨学科"。

图 6-3 为全课程 PtBL，即整门课程均采用项目式学习。具体来看，包括两种类型：

a）单任务：整门课程完成一个真实情境下的总任务，因此学生在课程中完成单一项目。

b）多任务：设置多个不同真实情境下的任务，因而学生需要完成多个任务，这些任务间往往存在着从简单到复杂、从局部到整体、基于不同情境等关系，因而我们将其称之为项目迭代。

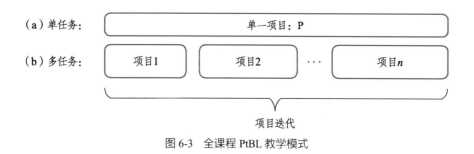

图 6-3　全课程 PtBL 教学模式

4. 课程教学模式示例：全课程 PBL

图 6-4 为全课程 PBL，即整门课程均采用基于问题的学习。

具体来看，又包括两种类型：

a）单问题：整门课程基于单个真实情境下的问题开展学习，学生通过获得针对这个问题的解释，建立深层理解。

b）多问题：设置多个不同真实情境下的问题，学生需要获得针对每个问题的解释，从而逐步建立深层理解，这些问题之间往往存在着从简单到复杂、从局部到整体、不同情境间迁移等关系，因而我们将其称之为问题序列。

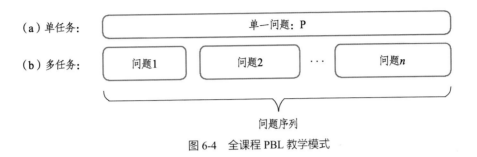

图 6-4　全课程 PBL 教学模式

5. 课程教学模式示例：组合式课程

事实上，我们可以设计出更为复杂丰富的教学模式，图 6-5 给出了一种组合式课程教学模式示例。在这个示例中，我们将课程分解为 6 个模块，并给出了每个模块的课内学时数。

从图中不难看出，根据课程自身特色，可以灵活将讲授式、PBL 和 PtBL 等教学模式进行组合。

例如，因为课程学时有限，我们可以只将部分内容提取出来开展 PBL/PtBL 教学；同时根据教学目标和教学内容，选择 PBL（概念性知识）或者 PtBL（程序性知识）模式。

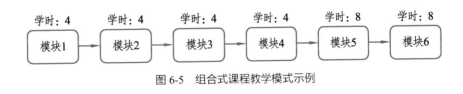

图 6-5　组合式课程教学模式示例

IFMOS 设计要点与用表　以初始化设计作为教学创新设计的起点

基于"IFMOS 设计用表 S-1"，就可以启动课程的初始化设计了。

需要特别关注如何用"大概念 / 大技能"来重新梳理课程教学内容，这为进一步开展教学设计奠定了基础。同时，您可以初步思考采用什么样的教学模式。

注意随着设计不断深入，表中③ ~ ⑥的内容还会被不断迭代优化。

IFMOS 设计用表 S-1：初始化设计

①教学要求（与课程相关的所有材料，如专业培养方案、课程要求、课程简介、教学大纲、教材教案等）	②学情分析（学生学习兴趣习惯、前期基础，对课程看法、期待；未来的行业职业特点等）	③教学目标
④教学评价	⑤教学内容（大概念 / 大技能）	⑥教学模式（全 / 部分、PBL/PtBL、单 / 跨学科）

IFMOS-S2：框架设计

至此可以开始针对整门课程开展创新设计。即使只有部分模块采用 PBL/PtBL，仍建议您从整门课程角度出发，确保将 PBL/PtBL 应用于重要内容。

框架设计包含 3 个子步骤，如图 6-6 所示：

IFMOS-S2-1：从核心认知、课程思政、通用能力三个维度确定课程目标。教学目标的详细设计方法详见第 7 章。

IFMOS-S2-2：完成问题序列与项目迭代设计，每个问题或者任务对应了下一步"IFMOS-S3：模块设计"中的单个模块。

IFMOS-S2-3：进一步梳理教学目标从而建立评价模板。教学评价的详细设计方法详见第 8 章。

图6-6　框架设计流程

IFMOS-S2-1：
设计三维度教
学目标

图6-7给出了三维度教学目标的设计流程。

总体来看，从核心表现性任务开始，设计核心认知目标；随后再用课程思政和通用能力来拓展目标，最终形成课程的三维度教学目标，具体方法详见第7章。

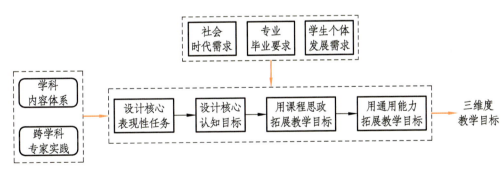

图6-7　三维度教学目标设计流程

IFMOS 设计要点与用表　从核心表现性任务开始设计教学目标

基于"IFMOS 设计用表 S2-1"可以开展三维度教学目标设计，注意首先需要确定课程的核心表现性任务。

基于 7.3 节、7.4 节中方法可以确定 n 个核心表现性任务，梳理完成这些任务所需学科相关知识技能即为核心认知目标。进一步从课程思政和通用能力两个维度扩展目标，最终形成 L 个核心教学目标。

IFMOS 设计用表 S2-1：三维度教学目标

①核心表现性任务	②核心认知目标	③课程思政目标	⑤三维度教学目标
任务 1 …… 任务 n		④通用能力目标	核心目标 1 …… 核心目标 L

IFMOS-S2-2：
确定问题序列 /
项目迭代

在初步设计阶段，我们已经初步罗列了课程包含的大概念 / 大技能，同时思考了拟采用的教学模式。在这个子步骤中，我们需要进一步确定问题序列 / 项目迭代。

这里我们需要思考核心表现性任务与问题或者项目的关系。具体来看，有可能单个核心表现性任务对应多个问题或者项目，也有可能每个核心表现性任务对应单个问题或者项目。我们建议，不要在单个问题或项目中，承载多个表现性任务。

图 6–8 的示例中，假定在上一步提炼出 3 个核心表现性任务，整合 6 个大概念 / 大技能，因而可以设计出包含 3 个问题（或项目）的问题序列（或项目迭代），用 {P1，P2，P3} 表示，分别对应模块 1~3。

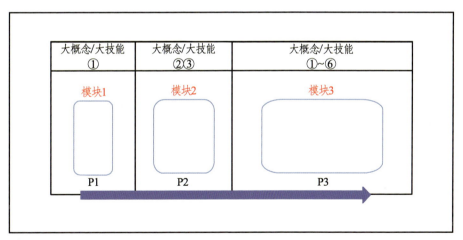

图 6-8　确定问题序列 / 项目迭代示例

设计教学评价模板时，我们需要确保所有的教学目标，都有相应的问题或项目进行支撑；同时应有相应的将学习成果外化和表达的载体，即评价对象（研究方案、手工模型、工程图纸等）；此外，还应建立评价探针，对学习目标达成情况进行评价。这里的探针，可以是测试题目、技能考核、评价量表、指标测试等。

在表 6-2 的示例中，针对上一步设计出的 3 个问题或项目（对应了 3 个模块），我们首先将（IFMOS-S2-1）中的三维度教学目标与它们进行关联，确保每个目标都有相应的问题或项目支撑。

随后，我们思考针对每个问题或项目，用来评价的对象是什么。具体来看，可以包括调研报告、作为项目成果的手工制品、商业方案等。

进一步，针对评价对象来设计评价探针，包括评价量表、测试指标等。这些探针一方面可以评价教学目标达成情况，另外一方面也能够引导学生知晓如何改进自己的学习，提升他们的元认知能力。

表 6-2　评价模板示例

问题 / 项目（模块）	模块对应教学目标	评价对象	评价探针
P1	三维度教学目标①	调研报告	调研报告评价量表
P2	三维度教学目标②③	中期项目成果	技术指标测试
P3	三维度教学目标②④⑤	商业方案	商业方案评价量表

IFMOS 设计要点与用表　　基于核心表现性任务划分模块

基于"IFMOS 设计用表 S2-2"，可以完成问题序列或项目迭代设计，从而确定模块划分。

进一步，确定每个模块对应的教学目标，并设计相应的评价对象和评价探针，从而完成评价模板设计。

IFMOS 设计用表 S2-2：模块划分与评价模板设计

IFMOS-S3：模块设计

IFMOS-S2-2 中所确定的问题序列或任务迭代中的某个问题或者项目 P_i，$i=1$，$\cdots$，n，对应了这里的模块。这一步针对这个特定的模块，开展详细设计。

具体来看，这一步将分为 2 个子步骤，如图 6-9 所示，下面我们将逐个进行简要介绍。

图 6-9　模块设计基本流程

S3-1：设计并
呈现问题 /
项目

问题和项目不仅激发了学习，还整合了整个 PBL/PtBL 的学习过程。

一方面如何在真实情境下呈现问题和项目，从而激发并维持学生的学习动机，至关重要。另一方面，还需要特别关注：

（1）学生在解决问题或者完成项目之前，已经具有了哪些知识和技能，如何激活这些知识技能？

（2）学生解决问题 / 完成项目，还需要学习哪些知识技能，如何让他们习得？

（3）学生习得的这些知识技能之后，教学目标是否就能够达成。

总体来看，既要避免 PBL/PtBL 过程中看起来热闹但教学目标没有达成，也要降低由于认知超负荷学生完不成任务的风险，仔细设计并呈现问题及项目非常重要。图 6-10 给出了设计并呈现问题/任务的过程。

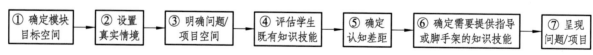

图 6-10　设计并呈现问题 / 项目流程示意图

1. 确定模块目标空间

"IFMOS设计用表S2-2"的评价模板中，我们已经为每个模块（问题或者项目）设置了可评价的三维度教学目标，这些目标往往是整合了若干个大概念 / 大技能，并在课程思政和通用能力两个维度上扩展之后形成的，因而构成了模块目标空间的主要框架。

然而，为了能够更好地指导模块的教学设计，我们需要进一步丰富和细化模块的教学目标，具体来看，就需要围绕大概念和大技能，来进一步整理重要的知识技能能力，可以用思维导图、流程图、系统框图、知识图谱等可视化方式来表达。

如图6-11所示，围绕大概念 / 大技能整理重要知识技能能力，就构成了模块目标空间。

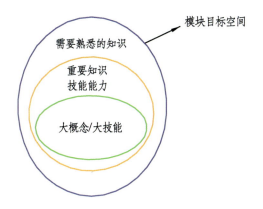

图6-11　构建模块目标空间

2. 为问题 / 项目设置真实情境

在问题或任务中提供情境信息，有助于引导学生考虑专业特定的约束或主要关注点，并建立他们的情境知识。在设置问题情境时，应考虑如下两个原则：

首先，情境应符合其预期教学目标。这意味着情境应与学生未来职业生涯相关，因为我们的教学就是帮助学生为未来做好准备。这种相关性需要在问题中明确表述，以引导学生思考学习的方向与过程。

此外，提供的情境信息量需要适当。过度情境化的PBL问题可能会给学习者带来不必要的信息或误导他们的问题解决，而情境化不足的问题可能会导致学生未能考虑在该特定情境中隐含但关键的问题。

3. 明确问题 / 项目的知识技能能力（KSA）空间

问题 / 项目的知识技能能力 KSA（Knowledge-Skill-Ability）空间是解决问题必需的知识技能能力等，那么它与模块目标空间，应该是什么关系？

理想情况下，当然是二者完全重合。然而，几乎不可能有一个真实的问题或项目，其 KSA 空间能够与模块目标空间完美重合。一方面问题 / 项目的 KSA 空间可能无法完全覆盖目标空间，另一方面，解决问题 / 完成项目所需的某些知识技能可能并不在目标空间中，如图 6-12（a）所示。

解决这个问题，一个方法是让问题 / 项目的 KSA 空间比目标知识空间大，然后引导学生朝着目标方向发展，如图 6-12（b）；另一个方法是采用多个问题或者项目，即问题序列 / 项目迭代，来覆盖目标空间，如图 6-12（c）所示。

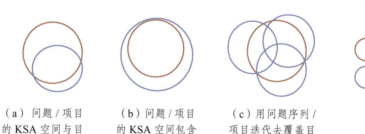

（a）问题 / 项目的 KSA 空间与目标空间部分重合　　（b）问题 / 项目的 KSA 空间包含目标空间　　（c）用问题序列 / 项目迭代去覆盖目标空间

图 6-12　目标空间与问题 / 项目空间关系

4. 评估学生既有知识技能能力（KSA）

图 6-13 是问题 / 项目的 KSA 空间示意图，其中圆圈表示学生为了解决问题 / 完成任务，必须具备的知识技能等；而圆圈间连线表示需要建立的知识技能之间的联系。

图6-13中的实心圆点代表学生既有知识技能，实线代表学生已经建立的知识间联系；虚线的圆点和线段表示学生需要学习的内容。

学习的目的就是帮助学生在头脑中构建起与问题空间对应的知识体系，这意味着将虚线部分变为实线。

我们必须能够准确评估学生既有知识技能能力（KSA），才能够明确学生在PBL/PtBL中需要学习哪些内容。

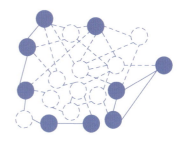

图6-13　问题/项目KSA空间中学生既有知识技能能力示意图

5. 确定认知差距

PBL/PtBL教学的实质是，让学生在解决问题/完成项目的过程中学习，获得图6-13中虚线代表的知识技能与联系。

理想的情况下当然是学生能够通过PBL/PtBL中习得所有这些知识，但在实际教学中，可能这是不现实的。

一方面课时和学生学时是有限的，因而能够用于自主学习的时间有限；而且学生在学习中，不一定能够按照我们期待的在问题/项目KSA空间中遵循特定路径学习，他们常常意识不到知识技能的重要性甚至存在。

图6-14　确定认知差距

还有一个可能就是问题/项目的KSA空间中的某些内容并不属于课程教学目标，但却是解决问题/完成项目必需的，这部分内容显然我们不希望学生花费很多时间去学习。

因此，我们建议，只让学生自主学习问题/任务空间中最为关键的新知识技能（图6-14中的绿色部分），我们称之为认知差距。

6. 确定需要提供指导和脚手架的知识技能

现在我们已经能够确定学生既有的 KSA 是什么（图 6-15 中蓝色圆点及连线），以及我们希望学生通过 PBL/PtBL 自主学习到的 KSA，即认知差距是什么（图 6-15 中绿色圆点及连线），但显然问题 / 项目空间中，还有一部分 KSA，并未包含在二者当中。

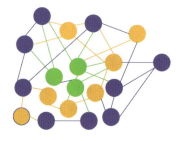

图 6-15　确定需要提供的指导和脚手架

图 6-15 中黄色的圆圈以及连线，代表了学生解决问题 / 完成项目需要，但我们不准备让学生通过 PBL/PtBL 自主学习来习得的 KSA，因此就可以通过搭建脚手架、提供示范和指导等形式让学生直接习得，通过这种方式可以在学习效率和学习深度间保持平衡。

总的来说，图 6-15 的问题 / 任务空间包括三个部分：学生既有知识技能（蓝色）、教师提供的指导或搭建的脚手架（黄色）以及认知差距（绿色）。

7. 呈现问题 / 项目

基于已经初步确定的问题情境、问题 / 项目空间和认知差距，这一步需要清晰、明确地将问题或项目进行呈现。

问题 / 项目呈现时，需要关注两个方面：首先应确保学生在着手开始通过自主学习解决问题 / 完成任务时，既有知识技能已被激活，同时获得了适当指导以及脚手架。此外，呈现方式应尽量提供真实情境，并激发学生的情境兴趣。

在这一步，我们建议除了设计用于引领学生学习的问题 / 任务外，还可以同时考虑如何设计评价活动。例如可以改变问题 / 任务的情境、问题空间、认知差距等，也可以与其他问题 / 任务进行适当整合，考查学生对所学知识的应用与迁移能力。

IFMOS 设计要点与用表　基于认知差距设计并呈现问题 / 项目

基于"IFMOS 设计用表 S3–1"可完成问题 / 项目设计，并以能够激发学生情境兴趣方式呈现。

需再次强调，一方面认知差距是学习真正发生的地方，此外学生在真实实践中能够学得更好。

IFMOS 设计用表 S3-1：模块目标空间与问题 / 任务呈现

①模块目标空间	②真实情境	④学生既有 KSA
		⑤认知差距（需要学生自主习得的 KSA）
	③问题 / 任务空间	
		⑥需要提供指导或者脚手架的知识技能
⑦问题 / 任务呈现		

学习过程包含若干学习活动，既包括课堂上的，也包括课前课后的；每节课可能包含多个教学活动，也可能一个教学活动包含多节课。举例来说，图 3-1 中给出了典型的 PBL 包含的 6 个教学活动。本书第 9 章给出了常用的教学活动，供教学设计时选用。

学习环境是指学生学习过程中所处的物理和社会环境，它提供学习资源、交流机会、教学支持和社会互动，会对学生的学习过程和学习成果产生重要影响。第 10、11、12 章结合案例详细介绍了 PBL、PtBL、IDL 课程的学习过程与学习资源、认知工具等的设计。

这一步还将在学习过程中嵌入评价活动，同时针对学习活动设置评价探针。手册第 8 章建议了一些可以使用的评价活动和评价探针。图 6-16 给出了设计示例，在线学习、小组讨论、项目报告、手工制品测试等学习活动中，可以设置评价探针，如在线测试、小组互评、量表等；此外可以在学习活动中嵌入评价活动，如课前测、对重要知识技能的测试、笔试口试等。

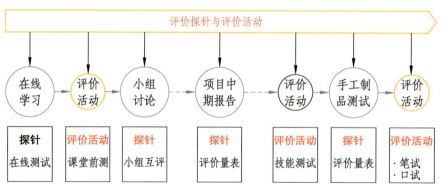

图 6-16 设计评价活动与评价探针示例

IFMOS 设计要点与用表　在学习过程中插入学习评价

基于"IFMOS 设计用表 S3-2"可完成学习过程、学习环境与学习评价设计。

再次强调学习活动与学习评价等的设计，要将学生学习导向教学目标。

IFMOS 设计用表 S3-2：学习过程、环境与评价设计

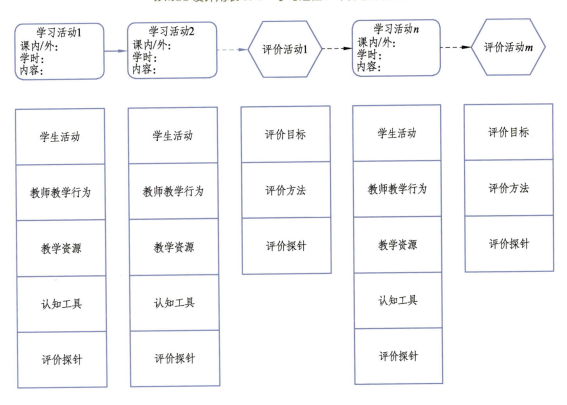

IFMOS-S4：原型设计

这一步将基于上述三个步骤进行整合，在教学目标、教学评价、问题设计与学习活动设计之间形成迭代。

最终形成完整的教学设计原型（可用教学文档、教学资源、认知工具、教学设计平台等固化以及展现，用于教学实践）。"IFMOS 设计用表 S4"给出了相关设计清单。

IFMOS 设计用表 S4：原型设计清单

设计任务	说明
教学执行大纲	课程执行大纲是对课程教学设计的简要说明，应包含教学目标、教学评价、教学过程与教学资源等的描述，它是指导任课教师制订授课计划、实施和组织课程教学活动的依据，也是课程的说明书，是学生第一次了解课程与选课的主要依据，同时还是课程质量评价的重要依据
教学设计报告	教学设计报告是对课程教学设计的全面展示，一般说应基于对外部要求、学情等的分析，详细介绍教学目标、教学评价、教学模式等的设计；特别应较为详细展示教学过程，突出教师作为"设计者"，如何设计学生的学习经历，让他们在与教学环境互动中建构自己的学习。注意展示教学设计的创新性与独特性在撰写设计报告中非常重要
教学环境详细设计	包括教学资源、认知工具、脚手架等的具体设计

IFMOS-S5：自评估设计

这一步基于 5.2 节中促进深层学习的 8 条教学原则，提供了课程教学设计的自评估框架，为课程的反思、评价与改进提供支持。表 6-3 给出了建议的 44 个指标，读者可以根据自己的课程实际进行选择，并开展分析。

表 6-3　基于深层学习教学原则的自评估指标

教学原则	A：核心表现性任务	B：教学目标	C：问题 / 任务呈现	D：教学过程	E：教学环境	F：评价与反馈
1．有效激发且维持学生的学习动机	1A：学生对任务感兴趣，认为其有价值和意义	1B：将帮助学生获得积极情感价值列入教学目标	1C：带来认知困惑或呈现真实情境，激发学生情境兴趣	1D：帮助大多数学生通过不断取得小成功建立自我效能感	1E：通过认知工具，特别是脚手架，提升问题 / 任务高阶性和挑战度	1F：及时为学生提供有效反馈
2．基于学生既有知识开展教学	2A：能够整合学生既有知识	N/A	2C：问题 / 任务空间清晰，学生既有知识被有效激活	2D：设置能够有效激活学生既有知识的学习活动	2E：提供激活旧知的学习资源与认知工具	2F：评价既有知识掌握情况为教学设计提供依据
3．以应用和迁移为主要教学目标	3A：学生学完课程后能够做的"最大的事"	3B：对应完成核心表现性任务所需知识技能能力	3C：清晰定义问题 / 任务的具体情境，帮助学生理解应用场景并能够有效迁移	3D：为学生提供应用所学，解决问题特别是新问题的机会	3E：在大概念 / 大技能方面提供认知工具，帮助迁移	3F：将应用和迁移作为主要目标开展评价
4．创设"学生参与的真实实践"环境	4A：来自于真实的专家实践	4B：与真实实践中所需"专家技能"一致	4C：接近专家实践的真实问题 / 任务，有挑战性且振奋人心，能够激发学生探索欲	4D：让学生模仿真实的专家实践过程来解决问题 / 完成任务	4E：模仿"专家水平"，搭建学习环境以及提供工具	4F：基于真实的专家实践为学生提供反馈

教学原则	A：核心表现性任务	B：教学目标	C：问题/任务呈现	D：教学过程	E：教学环境	F：评价与反馈
5. 为学生提供外化和表达所学的机会	5A：结果能够外化和表达所学知识技能	5B：可在学习过程与成果（如手工制品）中外化及表达	5C：解决问题/完成任务的过程或者成果能够外化及表达所习得的知识技能能力	5D：应用认知学徒制，外化认知过程，让学生观察、参与和实践专家技能	5E：为学生提供外化知识的工具	5F：设计适当的评价活动和评价探针
6. 为学生提供协作学习的机会	6A：能够支持协作学习	6B：将增进学生协作能力列入教学目标	6C：学生可以共建解释（PBL）或者共同完成任务（PtBL）	6D：应包含协作学习活动	6E：提供促进协作的工具，如项目管理、知识协作工具等	6F：对协作学习开展评价和反馈
7. 为学生提供适当支持与指导	N/A	N/A	7C：为学生提供适当情境信息指导，确保学生能够充分理解问题/任务	7D：提供指导帮助学生覆盖整个问题/任务空间	7E：提供教学资源、搭建脚手架，支持学生能够解决问题/完成任务	7F：基于评价为学生及时提供指导
8. 帮助学生成长为终身学习者	8A：能够提供反思与改进学习策略机会	8B：包含规划管理学习，不断反思、调整学习策略等元认知能力	N/A	8D：有让学生反思及改进学习的教学活动	8E：提供反思和策略工具	8F：帮助学生学习自我评价，进而改进自己的学习

IFMOS 设计要点与用表　　评估课程教学设计能否促进学生深层学习

具体来看，基于"IFMOS 设计用表 S5"，针对 8 条教学原则，可对教学设计中的 6 个关键要素（A~F）开展评估。

IFMOS 设计用表 S5：自评估设计

教学原则	A. 核心表现性任务	B. 教学目标	C. 问题 / 任务呈现	D. 教学过程	E. 教学环境	F. 评价与反馈
原则 1：有效激发且维持学生的学习动机						
原则 2：基于学生已有知识开展教学						
原则 3：以应用和迁移为主要教学目标						
原则 4：创设"学生参与的真实实践"环境						
原则 5：为学生提供外化和表达所学的机会						
原则 6：为学生提供协作学习的机会						
原则 7：为学生提供适当的支持与指导						
原则 8：帮助学生成长为终身学习者						

第7章 教学目标设计

　　教学目标是所有教学设计的出发点，对 PBL/PtBL/IDL 课程来说也一样。在 IFMOS 教学创新设计中，初始化设计、框架设计与模块设计都涉及到教学目标的设计，这一章将详细分析教学目标的设计原理与方法。

　　本章首先梳理教学目标的三个层次，进一步分别从内容体系和专家实践两个角度出发，探讨如何构建单一学科以及跨学科课程的核心认知目标；随后分析如何从课程思政和通用能力两个角度拓展课程目标空间，构建三维度教学目标。

7.1　教学目标的三个层次

成果导向的逆向式教学设计强调尽早明确教学目标。在【IFMOS-S1：初始化设计】中，教学目标是重要的设计内容。然而，老师们在撰写教学目标时，往往存在两种误区：

一是教学目标过大，比如培养学生的科学思维、家国情怀和国际视野等，这样的目标显然过于笼统，既难以指导教学设计，又很难进行评价，同时也不是单门课程能够独立达成的。

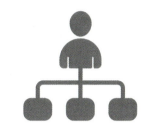

二是拘泥于具体教材内容，罗列了需要掌握的知识点，教学目标过细，既没有突出课程的重点，又忽视了对这些知识点的整合，更没有强调让学生学会应用和迁移。

下面先从教学目标的层次开始，讨论教学目标到底需要多具体。

课程目标的时间尺度

很多时候我们没有意识到，当我们谈论课程教学目标时，是存在不同的时间尺度的。我们谈论的是一节课（45分钟）还是几节课，是一个单元（几周）还是一门课，是几门课（一个学年）还是整个培养计划（4年）。显然不同时间尺度决定了课程目标有多具体。

安德森等在《分类学视野下的学与教及其测评》[15]中，谈到了目标的具体性问题，并认为总的目标域可以极为形象地表示为一个从相当概括到非常具体的连续体。沿着该连续体，可以确定三个具体性层次，即总体（Global）目标、教育（Educational）目标和教学（Instructional）指导目标。

大致来看，专业的培养目标（四年），对应了上述连续体中的总体目标；一门课程或者某个课程单元，对应了教育目标；一节或者联系紧密的几节课，对应了更为具体的教学目标。因此大家在撰写教学设计报告时，一定要首先确定我们是在多大的时间尺度上讨论目标问题。

下面我们就结合教学示例，看看这三种层次的目标。

总体目标

总体目标是需要大量时间与教学努力才能实现的复杂的和多方面的学习结果。这类目标经常被概括地加以陈述，并且包含着许多更为具体的目标。教例【7-1】为一门课程的教学目标示例，显然它更适合于作为专业培养目标，而不是课程目标。

正如安德森等指出的[15]，总体目标的作用是为未来提供愿景，并为决策者、课程开发者、教师和全体公众提供战斗口号。这些目标较为粗线条地表明了人们认为的好的教育中应该包含的重要因素。

因此，总体目标是"目前不能达到，而要为之奋斗，向其迈进或要实现的结果。它是一种目的或意图，它的陈述激发人们的想象，促使人们想要为之奋斗"[15]。

下面是某门课程的教学目标，显然它属于总体目标。

掌握××工程及其相关专业基础知识，具备运用综合知识解决复杂工程问题的能力；掌握××工程专业外语知识，具有国际视野，具备开展跨文化交流与合作的能力；了解××技术的环境、法律、安全、健康、伦理等政策和制约因素，形成正确价值观和负责任创新的伦理意识，心怀国之大者，敢闯敢创。

教育目标

总体目标必须被细分为更具有针对性、更为明确的教育目标，教师才能把这些目标用于规划和教学。

安德森等指出[15]，恰恰是总体目标能够"激发想象"所必须具有的概括性，使得总体目标很难以一种有意义的方式应用于计划课堂教学活动、确定适当的测评程序以及评价学生的表现。

显然，课程需要更为具体的目标，教例【7-2】给出了一些例子。

注意上述每个目标都描述了一种学生行为（实现、分析、研究等），以及该行为所针对的某一内容主题（软件程序、现象、社会问题等）。这是典型的从分类学角度描述教学目标的方法，8.1节将给出更为详细的介绍。

总体来看，教育目标位于目标连续体的中间位置。因此，它比总体目标更为具体，但相比教师用于指导日常课堂教学所需要的目标却要更为概括。

课程或者课程单元目标（教育目标）

- 能够实现通讯录难度的 C 语言程序
- 能够应用心理学原理分析异性交往中的现象
- 具有正确应用社会调查方法研究社会问题的能力

教学目标

安德森等指出 [15]，更为具体的教学目标的用途是使教学和测验专注于相当具体的内容领域中狭窄的、日常的学习。因此，它更适合于进行作为具体教学活动的目标。

教例【7-3】给出一些教学目标的实例。

总体来看，教学目标比教育目标要更为具体，是通过教学活动来达成的。

教学活动的教学目标

- 学生学会使用分部积分法
- 学生能够解释光的折射现象
- 学生能够识别汽车发动机的主要部件
- 学生能够将目标分为总体目标、教育目标和教学目标

本书中的课程教学目标与模块教学目标

安德森等[15]从范围、时间、功能和用途等方面对目标的三个层次作了比较，如表 7-1 所示。

总体目标的涉及范围较为"广泛"，而教学目标则较为"狭窄"；也就是说，总体目标不涉及细节，而教学目标只处理细节。总体目标的实现也许要求一年或多年的学习努力，而教学目标可以在几天之内达到。总体目标提供愿景，它们通常会成为支撑教育目标的基础，而教学目标位于目标连续体的另一端，它们在计划日常课堂教学中发挥作用。教育目标位于目标连续体的中间部位，它们的涉及范围为"中等"，用于计划要求几个星期或几个月的时间学习的单元。

本书中，表 7-1 中"总体目标"指向专业目标；"教育目标"指向课程教学目标，也就是【IFMOS-S1：初始化设计】中的"教学目标"及【IFMOS-S2：框架设计】中的"三维度教学目标"；"教学目标"则指向课程模块，对应了【IFMOS-S3：模块设计】中的模块目标空间。

表 7-1　不同层次教学目标比较

目标特性	目标层次		
	总体目标 （专业目标）	教育目标 （课程教学目标）	教学目标 （模块教学目标）
范围	广泛	中等	狭窄
学习所需时间	一年或多年（通常多年）	几周或几个月	几小时或几天
目的或功能	提供愿景	设计课程	准备教学计划
用途实例	设计整个课程计划或一个年度的课程	计划教学单元	计划每天的教学活动、经历和练习

7.2　三维度教学目标

芬克指出 [16]，当老师们描述课程预期成果时，往往会求助于由本杰明·布卢姆（Ban-jamin Bloom）及其同伴在 20 世纪 50 年代提出的关于教育目标的著名分类法（我们会在第 8 章详述）。

然而，尽管分类体系包含三个分类法（认知的、情感的和动作技能的），但教师们最常用到的是认知领域的分类法。认知分类法从低到高包含知识、理解、应用、分析、综合、评价六个层次的学习。

事实上，正如芬克指出的，很多老师都已经察觉，仅仅使用认知分类法，无法体现一些新的对学习的需求，比如：学会学习、合作能力和人际交往技巧、道德、沟通技巧、品质、宽容和应变能力等。

显然，认知领域的目标仅仅是教学目标的维度之一，我们需要从更多维度上构建更为广阔的目标。

有意义学习分类法

芬克提出了基于六种有意义学习的分类法如图 7-1 所示，他所定义的有意义的学习，就是产生对学习者的一生来说有重要意义的、持续的变化。

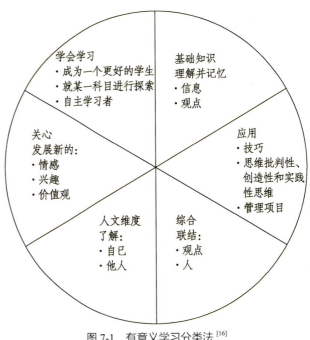

图 7-1　有意义学习分类法 [16]

工程教育认证标准

工程教育认证标准[17]中的毕业要求，也超越了单纯的认知目标，包括工程与社会、环境与可持续发展、职业规范、团队合作、终身学习等多维度目标。

（1）工程知识：能够将数学、自然科学、工程基础和专业知识用于解决复杂工程问题。

（2）问题分析：能够应用数学、自然科学和工程科学的基本原理，识别、表达、并通过文献研究分析复杂工程问题，以获得有效结论。

（3）设计/开发解决方案：能够设计针对复杂工程问题的解决方案，设计满足特定需求的系统、单元（部件）或工艺流程，并能够在设计环节中体现创新意识，考虑社会、健康、安全、法律、文化以及环境等因素。

（4）研究：能够基于科学原理并采用科学方法对复杂工程问题进行研究，包括设计实验、分析与解释数据、并通过信息综合得到合理有效的结论。

（5）使用现代工具：能够针对复杂工程问题，开发、选择与使用恰当的技术、资源、现代工程工具和信息技术工具，包括对复杂工程问题的预测与模拟，并能够理解其局限性。

（6）工程与社会：能够基于工程相关背景知识进行合理分析，评价专业工程实践和复杂工程问题解决方案对社会、健康、安全、法律以及文化的影响，并理解应承担的责任。

（7）环境和可持续发展：能够理解和评价针对复杂工程问题的工程实践对环境、社会可持续发展的影响。

（8）职业规范：具有人文社会科学素养、社会责任感，能够在工程实践中理解并遵守工程职业道德和规范，履行责任。

（9）个人和团队：能够在多学科背景下的团队中承担个体、团队成员以及负责人的角色。

（10）沟通：能够就复杂工程问题与业界同行及社会公众进行有效沟通和交流，包括撰写报告和设计文稿、陈述发言、清晰表达或回应指令。并具备一定的国际视野，能够在跨文化背景下进行沟通和交流。

（11）项目管理：理解并掌握工程管理原理与经济决策方法，并能在多学科环境中应用。

（12）终身学习：具有自主学习和终身学习的意识，有不断学习和适应发展的能力。

教学目标的不同方面

基于文献研究及长期教学实践，我们将教学目标归纳为四个方面，如表 7-2 所示，具体包括：

（1）领域知识。特定学科的概念、事实和程序。既包括知识，也包括用学科的方法解决问题的技能。这类知识往往会在教材中体现，它们或者遵循公认的内容标准，或者属于取得共识的学科核心。

（2）课程思政。包含情感、价值、责任感、伦理道德、对环境与社会关注等，帮助学生成为有责任担当、理想信念坚定的社会主义建设者和接班人。

（3）通用能力。包括沟通、合作、表达、写作、跨文化理解、人文鉴赏等通识能力，帮助学生成为志趣高雅、热爱生活、谦逊友善、宽容明智的生活家；也包含元认知、人际交往、自我激励、自我管理等终身学习能力，帮助学生更好学习和发展。

（4）跨学科能力。整合不同学科知识技能，解决问题的能力。

表 7-2　教学目标的四个方面

目标维度	描述
领域知识	特定学科的概念、事实和程序
课程思政	情感、价值、责任感、伦理道德、对环境与社会关注等
通用能力	沟通、表达、写作、跨文化理解、人文鉴赏等通识能力，以及元认知、人际交往、自我激励、自我管理等终身学习能力
跨学科能力	整合不同学科解决问题能力

三维度课程教学目标构成

基于表 7-2，我们将跨学科能力进一步分解为跨学科认知整合能力和跨学科素质两个方面，分别与领域知识和通用能力整合，最终形成核心认知目标、课程思政、通用能力三个维度，如图 7-2 所示。

三维度教学目标是【IFMOS-S2：框架设计】的重要内容，下面我们对此予以详细分析。

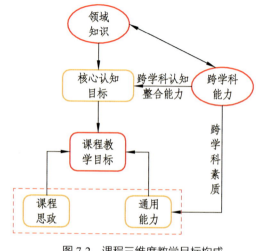

图 7-2 课程三维度教学目标构成

三维度课程教学目标的设计思路

这里我们将【IFMOS-S2-1：三维度教学目标设计】中核心表现性任务设计进一步细化，如图 7-3 所示。

具体来看，对单一学科而言，由于其具有清晰明确的知识内核，因此可以从学科内容体系出发，用核心表现性任务整合大概念 / 大技能进而确定核心认知目标（7.3 节）。

然而，对于跨学科学习，如前所述，由于通常无法找到公认的跨学科知识内核，因此要从跨学科专家实践出发确定核心表现性任务和认知目标（7.4 节）。

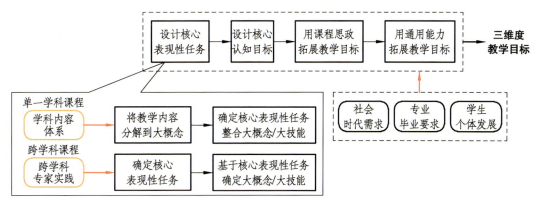

图 7-3　【IFMOS：S3-1】三维度教学目标设计具体流程

7.3　从内容体系开始：基于分解—整合视角确定核心认知目标

　　培养方案中的大部分课程，都有明确的内容知识体系，而内容知识的习得也是这些课程的主要学习目标之一。这些内容知识，往往会在教材中体现，它们或者遵循公认的内容标准，或者属于取得共识的学科核心。注意这里的内容知识，既包括知识，也包括用学科方法解决问题的技能。

　　对特定课程来说，通常教师都很熟悉学生需要掌握的知识内容，这些知识内容构成了课程的知识空间。一门课中这样的成分知识技能可能多达数百个，这些成分知识技能之间的联系也异常丰富。面对如此多且错综复杂的知识内容，老师在教学设计中面临的挑战是，如何确定适当的认知目标？

关于分解—整合的基本教学原理

在课程教学中，是不是学生掌握了所有成分知识技能就可以了呢？安布罗斯在《聪明教学七原理：基于学习科学的教学策略》[10]中，给出了下面关于分解－整合的重要原理。

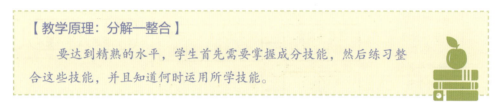

【教学原理：分解—整合】

要达到精熟的水平，学生首先需要掌握成分技能，然后练习整合这些技能，并且知道何时运用所学技能。

因此，课程的教学目标，不是仅仅把每个成分技能教给学生，还要让学生能够将这些成分技能整合起来，进行应用和迁移。这也就意味着，课程的认知目标，不是简单地将每个成分技能的目标进行罗列。

因此，虽然基于学科知识体系形成的领域知识会比较多，但最终写入课程大纲中的，应该只是最重要的、整合之后的目标，我们称之为核心认知目标。

分解—整合视角下的核心认知目标设计方法

我们将图7-3中针对具有单一学科课程、从内容体系出发的核心认知目标设计流程提取出来，如图7-4所示。下面我们将逐一介绍①～③步的具体方法。

图7-4 从学科内容体系出发设计认知核心目标

从前面分析中不难看出，设计课程认知目标需要关注两个问题：一是如何将数量众多的知识技能囊括其中？二是如何将这些离散的知识技能整合起来？

在【IFMOS-S1：初始化设计】中，我们已经讨论了大概念 / 大技能，即在教学中，那些格外重要、我们希望学生能够进行有效迁移，同时能够提供结构特征来将零散的知识技能组织起来的"概念性知识"和"程序性知识"。因此，对于大部分具有明确内容体系的课程，我们都建议从大概念 / 大技能开始设计认知目标。

在这一步，基于已经梳理出的大概念 / 大技能，思考其对应的专家实践，即应用这个大概念 / 大技能能够做的事是什么。图 7-5 提供了"大概念 / 大技能地图"，设计者可以用以思考教学内容、专家实践、大概念 / 大技能间关系并不断迭代，最终确定重要的将应用于 PBL/PtBL 教学设计的大概念 / 大技能。

图 7-5　大概念 / 大技能地图

②用核心表现性任务整合大概念

将上一步确定的所有大概念都列入教学目标中，可能过多。更重要的是，这些大概念间往往存在关系，如果仅仅逐一罗列，会导致这些大概念分离，学生无法在头脑中构建起具有丰富联系的知识网络，因而很容易遗忘，也无法整合应用和迁移。为了整合大概念，我们来思考课程的核心表现性任务。

核心表现性任务应来自真实的专家实践。我们首先思考，学生毕业成为本领域专家后，他们应用本课程所学，能够做的事情是什么？以此为基础，我们再进一步反推，当本课程结束时，学生能够做的最大的事情是什么？这个"最大的事情"就是我们说的核心表现性任务。

比如一位电子信息专业的学生，未来作为电子工程师，典型的专家实践是设计电路。而他在学习"模拟电子线路"课程后能够完成的最大任务，就是设计信号发生器这种难度级别的模拟电路。"C语言"对应的核心表现性任务，则可能是设计通讯录难度级别的软件。而对于科学类课程，比如物理，核心表现性任务可能是能够用物理学原理解释生活中或者某个专业领域的现象等。同样法学、商学、文学等学科课程，都可以找到类似的核心表现性任务。

多数情况下，每门课程可以找到至少一个核心表现性任务，每个核心表现性任务都整合了若干大概念／大技能。图7-6中，课程对应了两个核心表现性任务，每个任务都整合了3个大概念。

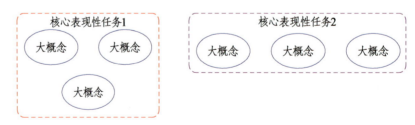

图7-6　用核心表现性任务整合大概念示意图

③ 确定课程核心认知目标

在这一步，我们基于核心表现性任务，思考完成这样的任务，学生必须具有什么样的知识和能力？由于核心表现性任务是学生学完课程之后能够做的"最大的事情"，因而完成这样任务所需要具体的知识能力，就是核心认知目标。

仍然以"模拟电子线路"为例，如教例【7-4】所示，设计了三个核心表现性任务。通过对任务涉及的设计工作内容和过程进行分析，可以发现必须具备的、应由模拟电路课程支撑的能力包括：阅读电子元器件技术文件和电原理图的能力、单元电路设计能力、电路综合设计能力、计算机辅助设计能力、编写设计文件的能力。

教例
7-4

模拟电子线路核心认知目标设计

大概念	核心表现性任务	核心认知目标
1. 二极管及其基本应用电路 2. 晶体管及其基本应用电路 3. 场效应管及其放大电路 4. 集成运算放大电路 5. 功率放大电路 6. 放大电路的反馈	设计信号发生器难度级别的模拟电路，具体任务包括： 1. 信号的运算及处理电路 2. 信号产生与转换电路 3. 直流稳压电源	1. 阅读电子元器件技术文件和电原理图的能力 2. 单元电路设计能力 3. 电路综合设计能力 4. 计算机辅助设计能力 5. 编写设计文件的能力

7.4 从专家实践开始：基于跨学科研究视角确定核心认知目标

上一节所介绍的方法，适合于具有清晰、明确、取得共识的内容体系课程。然而，对于跨学科课程，正如第 1 章中谈到的，一个或许悲观的论断是，我们可能始终都没法找到跨学科研究和教育中普遍公认的知识内核。

在 1.3 节中，围绕图 1-4，我们指出，跨学科的 PBL/PtBL 课程应从跨学科专家实践出发来设计，虽然也会涉及多学科知识体系中的大概念 / 大技能，但这些知识技能是为跨学科专家实践服务的。

这一节我们详细讨论如何从跨学科专家实践出发设计核心认知目标，流程如图 7-7 所示。

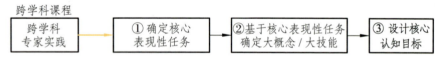

图 7-7　从跨学科专家实践出发设计认知核心目标

由于很难找到公认的跨学科知识内核，因而 7.3 节中从内容体系出发的教学目标设计对 IDL 来说可能是不适用的。显然，对于 IDL，需要回到跨学科研究与教育的出发点——解决复杂的、现实的、超越了单个学科范畴的跨学科问题。

因此，对于跨学科课程，我们建议从跨学科问题开始。仍然以"土木 + 信息"为例，桥梁结构在服役过程中，会受到环境载荷作用、材料老化、疲劳反应等影响，加之自然或人为灾害，会对桥梁健康状态带来影响，严重时甚至会发生灾难性垮塌事故。基于信息传感与处理技术的健康检测系统的迅速发展，有效弥补了传统人工检测方式的不足，特别是人工智能、大数据技术的应用，更为其提供了良好的发展前景。显然，面对该问题开展跨学科教育，就无须纠结于知识内核的提取，而是关注如何设计与实现解决方案。

如图 7-8 所示，我们从跨学科专家实践出发，找到跨学科问题作为出发点，就可以确定核心表现性任务，任务的具体形式可能是提供解释、设计产品、提供解决方案等。注意核心表现性任务，本身就属于跨学科专家实践。

教例【7-4】给出了"运动科技与智慧人生"的核心表现性任务，不难看出它本身就是专家实践"产品设计"的具体任务。

图 7-8　IDL 的核心表现性任务来自跨学科专家实践

教例 7-4

"运动科技与智慧人生"核心表现任务设计

专家实践：产品设计

跨学科问题：如何超越单个学科范畴，将体育学科与工程学科有机结合，更好满足人的需求。

核心表现性任务：设计实现能够辅助运动员与运动爱好者进行科学有效运动的软硬件产品。

②基于核心
表现性任务
确定大概念 /
大技能

需要注意的是，跨学科不是没有学科，而是建立在多个（单门）学科基础之上，（单门）学科是跨学科的依托，包含学科内的信息、资料、技术、工具、观点、概念或理论等。

这一步需要分析完成（跨学科）核心表现性任务所需要的知识技能，并确定大概念 / 大技能。仍然以"运动科技与智慧人生"为例，显然学生需要能够应用设计思维基本思想和流程，能够理解运动学、力学基本原理，应用机械、电子、计算机相关知识技能，能够制定商业方案。

这里需要注意两个方面问题。首先跨学科课程可能包含了多个学科领域的多个大概念，课时限制可能无法全部学习，做到"熟识而非精通"即可，因此脚手架的作用非常重要。比如不一定从基础力学开始逐个分析推导力学原理，提供力学计算公式作为脚手架，学生只需要理解计算公式如何应用就可以以此为基础开展工作。

第二个问题是很可能教师无法提前穷举学生在解决问题过程中会用到的大概念 / 大技能。建议课程不要限制学生在设计完成任务中会用到的知识技能，并通过课程迭代，逐步积累丰富学习资源、学习指导、脚手架、认知工具等。

③ 确定核
心认知目标

在这一步，我们确定 IDL 课程的核心认知目标。

如图 7-9 所示，基于核心表现性任务，以及据此确定的大概念 / 大技能，我们可以确定多个（单）学科核心认知目标；进一步，我们建议还需要显性包含跨学科整合能力。

跨学科整合能力可以包括但不限于：

● 理解系统整体框架，包括各模块作用、输入输出、模块间关联；

● 理解并充分发挥本学科在整个系统中的作用与优势；

● 熟识其他学科，能与其他学科的人用对方学科语言进行交流与合作；

● 理解不同学科间的耦合关系，并基于这种理解，改进优化解决方案。

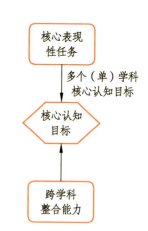

图 7-9　确定 IDL 课程核心认知目标

7.5　从课程思政角度拓展教学目标

教学目标不仅包括认知目标，还包括情感价值观目标。

情感价值观目标意义在于帮助学生塑造正确的价值观，寓价值观引导于能力培养和知识传授。在育人过程中，"价值塑造、能力培养和知识传授"交融共生，相辅相成。

思政目标需要"挖掘"，因为它并不显含于内容知识中。需要教育者下功夫把蕴含在学科特定的知识技能中的思政意蕴提炼出来，或者将内容知识与价值塑造相关联。

需要"隐性渗透"。隐性教育具有隐蔽性、渗透性、长效性和开放性的特点，更适合于塑造学生的精神文化和意识形态观念。当学生在心理上不认为自己正在被灌输时，我们对其进行熏陶、感染、隐喻的效果最好。

这一节我们分析图 6-7 的【IFMOS-S2-1：设计三维度教学目标】中，如何从课程思政角度拓展教学目标。

设计情感价值目标面临的挑战

　　我们始终要牢记，习得和保留基本内容知识是解决问题或应用知识的前提条件。因此，我们建议从核心认知目标出发，扩展教学目标，融入"思政元素"。

　　教师从课程思政的角度扩展教学目标的过程中，面临的挑战是，如何实现价值塑造过程中的润物无声？

1	2	3	4
课程思政建设是培养德才兼备人才的关键。如果忽视了价值引领，忽略了对学生德行的塑造，则学生一旦走偏，就仿佛长歪了的树，即便枝繁叶茂，也无法成为栋梁之才。	课程思政建设应如盐化水，如春在花。在恰当的时机让价值引领如春雨般浸入学生的心田，无近功但必有远效。	课程思政不是简单的加法，不是思政＋课程。如果只将二者简单加和，效果无异于强行让观众开机前看广告，只会让学生心生反感。	课程思政应强调从专业内容出发，即强调内生性。好的课程思政建设应该追求与课程本身的内容相关，避免东拉西扯，牵强附会。

设计价值目标要点之一：优化内容知识

内容知识
是育人之基

扎实的内容知识才能有效支撑价值塑造。在塑造价值观的过程中，往往需要对某些观点或行为进行解释和阐述。此时，如果缺乏扎实的内容知识，就很难令人信服地阐述这些观点或行为的合理性和价值所在。

相反，拥有扎实的内容知识，可以更加深入地挖掘和阐释价值观的内涵和意义，从而增强价值观的塑造成效。

什么是
扎实的内容

具体来看，扎实的内容就是两性一度（高阶性、创新性、挑战度）：

高阶性，就是知识、能力、素质有机融合，培养学生解决复杂问题的综合能力和高级思维。

创新性体现在三个方面，课程内容有前沿性和时代性；教学形式体现先进性和互动性；学习结果具有探究性和个性化。

挑战度是指课程要有一定难度，需要学生和老师一起，跳一跳才能够得着，老师要认真花时间花精力花情感备课讲课，学生课上课下要有较多的学习时间和思考作保障。

设计价值目标要点之二：思政元素与内容知识融合

共享语境：
"一语多义"丰富
表达方式和增强
表达的灵活性

一个影像资料、背景介绍或问题本身既可以为学生提供一个清晰的框架、帮助学生理解所学的知识或者技能的来源，也可以促进学生思考和探索、引导学生将正确的价值观内化于心外化于行。

教师可以根据具体的需求选择最合适的方法进行表述，从而更有效地熏陶、感染、隐喻，实现寓价值塑造、能力培养于知识传授。

内核互补：力求思政元素与内容知识的内核交融共生，相互补充

（1）思政元素与内容知识的内核互补时，教学层次会更加丰富。

（2）学生能够更好地把握知识或技术的内在逻辑和价值取向，形成全面而深刻的认识。

（3）可以优化教学资源配置，增强教学素材和学时的利用率，提高育人效益。

设计价值目标要点之三：挖掘思政元素

从六个思政元素下功夫

（1）坚定理想信念：教师肩负铸魂育人的重任，首先要自身坚定理想信念，同时要引导学生坚定理想信念。

（2）厚植爱国情怀：在社会主义核心价值观中，最深层、最根本、最永恒的是爱国主义。

（3）加强品德修养：先贤们求实求真的精神对文明发展有着重要的推动作用。

（4）增长知识见识：学生唯有认识到树立远大抱负的必要性才会志存高远，唯有认识到追逐美好理想之路的艰巨性才会刻苦钻研。

（5）培养奋斗精神：奋斗精神是广大学子书写人生华章的妙笔，是实现中华民族伟大复兴的必需动力。

（6）增强综合素质：综合素质是学生全面发展和未来成功的基石。

设计价值目标要点之四：融入课程思政

教学重构

重构教学内容：与"贴标签"相对照
- 传统的教学内容不能满足"价值塑造、能力培养、知识传授"三位一体的需求。
- 对教学内容进行重新组织和设计，应以学生发展为中心。
- 重构教学内容的关键在于"内生"。

教学创新

创新育人方法：与"两张皮"相对照
- 鼓励学生积极探索，主动认同。
- 提升学生参与度，为学生构建有意义的学习经历。
- 促进学生全面发展。

设计价值目标要点之五：以价值目标拓展教学目标

拓展原则

点到为止，不贪大求全：以实效为前提，不过分追求思政元素的数量。避免思政元素过密、避免思政元素偏离主线。

将思政内涵与专业内涵深度结合：勿止步于标语口号或新闻标题，追求思政元素的质量。以理工科为例，在内容知识中融入思政元素时可以引入相关的定量计算，夯实价值引领成效。

隐性育人：让学生有顿悟感无抵触感。

7.6　个人发展与专业培养目标视角下的通识能力目标

这一节我们针对【IFMOS-S2-1】如何从通用能力角度拓展教学目标给出建议。

从专业认证等外部质量保障要求，以及学生终身发展来看，课程在设置教学目标时，有如下两个方面的原则需要关注：

（1）课程教学目标应支持专业毕业要求达成。毕业要求是学生在毕业时所应该达到的知识、能力、人格、价值方面的要求。每个专业在培养方案中都有明确的毕业要求。课程在设置教学目标时，应该特别关注如何支持相关专业毕业要求的达成。

（2）课程教学目标应支持学生未来更好发展。这里我们借用芬克的说法[16]，大学教育应该为学生提供有意义的学习经历，这意味着，学习能够带来如下价值：

① 提高生活价值：培养艺术、音乐欣赏能力，培养深刻的生活哲学等。

② 使学生能为将置身其间的许多社会群体作出贡献：国家、当地社区、家庭、企业与社团、世界。

③ 帮助学生做好就业准备：发展某一个或更多的专业领域所需要的有效的知识、技能和态度。

基于教学目标编目的通用能力建议

安吉洛等指出[18]，为了评价和改善教学工作，教师首先必须弄清楚自己希望学生在这门课上学到什么。教师清楚自己的教学目标并确定这些目标的相对重要性之后，就可以开始评价学生对教师所教内容的学习情况了。

《课堂评价技巧》一书提供了一个确定和阐明其教学目标的简单有效的工具，作为课堂评价的第一步，作者将这一工具称为"教学目标编目（Teching Goal Invertory，TGI）"。这里我们列出6个群组共52个目标，如表7-3所示，您可以从中选择适合的通用能力目标。

表 7-3　教学目标编目（TGI）[18]

I. 高级思维技巧	II. 获得学业成功的基本技能
1．培养将所学原理与结论运用于新问题、新情境的能力 2．培养分析技能 3．培养解题技能 4．培养从观察中得出合理推论的能力 5．培养整合信息与思想的能力 6．培养全盘思维的能力：既见整体也见局部 7．培养创造性的思维能力 8．培养区别事实和观点的能力	9．提高注意技能 10．培养集中注意力的能力 11．提高记忆技能 12．提高听课技能 13．提高说话技能 14．提高阅读技能 15．提高写作技能 16．培养恰当的学习技能、策略与习惯 17．提高数学技能
III. 学科专属知识和技能	IV. 人文价值观
18．了解本课程的术语和事实 19．了解本课程的概念与理论 20．培养使用本课程主要材料、工具及（或）技术的能力 21．学会理解本课程的各种看法与价值观念 22．为迁移学习或研究性学习做准备 23．掌握本课程获取新知识的技巧与方法 24．学会评价本课程的研究方法与材料 25．学会欣赏本课程的重要贡献	26．培养文理科鉴赏能力 27．培养接受新思想的开放意识 28．培养广见博闻的关注当前社会问题的能力 29．培养公民行使权利和履行义务的责任心 30．培养对学习的终身爱好 31．培养审美鉴赏能力 32．培养渊博的历史观 33．培养洞悉科技作用的能力 34．培养对异域文化广博的欣赏能力 35．培养明达的道德选择能力

续表

V. 工作与事业准备	VI. 个人发展
36．培养同他人进行富有成果的合作的能力 37．培养管理能力 38．培养领导能力 39．培养求精的责任心 40．提高遵循指示、指令和计划的能力 41．提高有效组织和利用时间的能力 42．培养个人成就的责任感 43．培养熟练完成工作的能力	44．培养个人行为的责任感 45．提高自尊或自信 46．培养个人价值观责任感 47．培养对他人的尊重 48．促进情感健康与幸福 49．促进身体健康与幸福 50．培养诚实自觉性 51．培养自我反思的能力 52．培养进行明智决策的能力

跨学科素质

7.1 节中围绕图 7-2 我们指出，跨学科能力可以分解为跨学科认知整合能力和跨学科素质两个方面，其中跨学科素质应整合到通用能力中。

《教育 2020 年工程师》指出，基于多学科团队参与重大挑战的本科工程教育将有多种辅助效益，包括领导力、沟通和团队合作技能、跨文化和跨国家意识，最重要的是，他们对自己为科学和工程界作出贡献的能力有信心[19]。

雷普克则从有关跨学科研究的大量文献中提取出跨学科研究者所共有的素质和技能，其中素质包括事业心、爱学习、反思、容忍复杂状态的歧义和悖论、对其他学科的接受能力、愿意熟识多门学科、重视多样性、愿意合作、谦逊等，技能则包括交流能力、抽象思维能力、辩证思维能力、创新思维能力以及整体思维能力等[1]。

第8章　教学评价设计

学习中最常见的情况是，教师所教与学生所学之间的差距，这一差距往往还很大，因此师生都需要更好的方法来全程监控学习活动[18]。因此，教学评价一方面帮助教师提升促进学习的能力，同时也帮助学生成为学习效果更佳、有元认知能力的学习者。总结来说，教学评价可以帮助师生提高学习质量。

本章首先重新思考教学评价，随后基于认知目标分类体系从教学评价角度重新梳理核心认知目标，进一步将介绍教学评价的一些常用方法，并详细介绍评价量表的设计过程。

8.1　教学评价再认识

梅耶指出[20]，教学评价涉及确定学习者学到了什么、学习者的学习方式，以及与学习相关的学习者的个性特征。在实施一项评价时，要设法描述学习的结果（即知识）、学习的过程（即建构知识的认知过程）或者学习特征（即建构知识的能力）。最常见的评价要素是学习者的知识，也就是学习者学到了什么。

尽管每位老师都设计过考题，评价过学生，但往往没有认识到，教学评价的最重要功能是用来评价教学目标的达成情况。这一节我们首先对教学评价进行较为全面的介绍，为教学评价设计奠定基础。

教学评价的基本涵义

评价通常是间接的。通过观察学习者的学业表现来判断其既有知识、学习过程和学习特征。也就是说评估学习者借助获得的知识能做什么，即是否能完成学科核心表现性任务（如手工制品、实验报告、课程设计、现场实操等）来表征学习过程已经发生，即学生学会了学科知识。

教学评价需要一套简单实用的方法，来确定学习者学到了什么，即了解学习者经过学习后，知识上产生的变化。更进一步的评价还包括确定学习者在学习期间参与的认知过程，或者确定学习者接受学习之前的特点。

教学 IDC 项目对学生的学习效果进行评价，将依据上述原则，以学科核心表现性任务载体为证据，来评价学生的学习效果。

教学评价的形式及其功能

评价在本质上是与教学相联系的，即教学评价一致性原则。按照教学活动前后的顺序，可以将教学评价分为：教学前（描述学习者的特点）、教学中（描述学习者对教学的反应）、教学后（描述学习者的知识掌握情况）。

教学前的评价在于了解学习者的背景知识、兴趣以及学习能力的基础上，确定学习者的学习特点，从而制定恰当的教学计划，是开展后续学习评价的起点或者是参照点。例如，教学前发布问卷调查，了解学生对课程的期望，要求等。

教学中的评价涉及经过一段较短的时间（例如一讲课、一个单元的学习后）确定学习者的学习状况，便于及时调整教学。例如在一讲课后布置的课程作业，或者一个单元学习后的课程设计、实验报告等。

教学后的评价是指经过一段较长的时间（例如一个完整的课程或项目），确定学习者的学习情况。例如，课程结束后的期末考试，项目完成后的研究报告、手工制品完成的说明书和设计报告等。

　　如果将每一次教学中的教学评价结果定义为增量评价结果，那么，将每一次教学中的学习评价成果整合起来（如1~16周的评价结果按照时间顺序组织起来），就形成了过程性评价结果。过程性评价结果可以体现学习者在一段时间内（如1~16周或一个项目完成的时间内）建构知识的过程。课程结束后的期末考试、研究报告、作品说明书、作品设计报告的评价结果则可以看作是水平评价结果。

有效评价工具的设计

　　有效的评估工具一般具有以下特点：

　　（1）效度，是指评价结果能够合理解释和使用测验分数。例如，在一次标准化测试中，测验分数与后续学业表现的相关性；或者测验内容与预期内容相符程度（即内容相关性或教学评价一致性）。

　　（2）信度，是指只要在相同的环境下进行测试，就可以得到相同的分数。例如，前测和后测之间的相关性（重测信度）；将一套试卷前半部分和后半部分题目进行比较，前后两半部分测验项目得分的相关性（分半信度）。

　　（3）客观性，是指每个评分人评出来的测验分数都是按照一样的标准。例如，分数与两个评估者之间的相关性（内部一致性信度）。

　　（4）参照性，是指测验分数以便于解释的形式呈现，可以让学习者理解原始分数的意义。

从测试分数中可以看到什么

一次常模参照测验（或标准化测验）所给出的分数，可以让被测学习者了解自己的成绩在所有考生中的位置。例如，标准差高于或低于平均值（标准分数）；百分比的分数低于原始分数（百分位等级）；是否符合标准。

标准分数是用被测学习者的原始分数减去总体平均值再除以标准差，这样就把原始分数转换成了标准分数（衡量被测学习者的分数和总体平均值之间的标准差）。例如，如果被测学习者的标准分数是 +0.8，那么意味着被测学习者的分数比总体平均值高出 0.8 个标准差。

百分位等级是通过计算多少人的分数低于或高于被测学习者的分数，从而将原始分数转化为百分位等级。例如，如果被测学习者的百分位等级是 80，那么意味着 80% 的考生的原始分数低于被测学习者的分数。

标准分数解释了原始分数的评价意义。如果学习者希望解释自己的分数和其他考生分数之间的关系，那么就需要标准化。标准化参照测验能告诉被测学习者是否达到了预定的学习目标。例如，学习者是否能够完成一项具体的学习任务。标准参照测验要为学生在一系列题目中的表现设定一条分数线，这种设定要有充分的证据，而不是随意设定的。

教学效果的涵义

在评价教学效果时，应该考虑以下三个基本问题，每一类问题都可以通过一种研究方法得以回答。

（1）是什么在起作用？在教学评价中，可能想要了解某种教学方式是否有效。例如，为了检测微笑和做手势在讲课中的效果，可以在一节相同的课程中，进行对照实验，然后比较两组学生的分数进行评价。

（2）什么时候起作用？在教学评价中，可能想要了解某种教学方式针对特定的学习者、教学目标或者学习环境是否有效。例如，可以分别针对学业成绩好和学业成绩差的学生使用不同的教学方式，然后比较其得分均值，以此检验针对不同类型的学习者微笑和做手势，是否能产生相同的效果。

（3）为何起作用？在教学评价中，可能还想了解学习者在学习过程中的心理变化，也就是教学方式产生效用的心理机制。例如，当教师微笑时，可以让学生描述他们的心理变化，或者要求他们针对课程中的反馈来填写问卷或接受访谈。

评估学习的结果

测量学习结果的两种经典方法是保持测验和迁移测验。

保持测验是让学习者回忆所学的知识。例如，请把课堂上讲的某仪器的特征写下来。迁移测验是让学习者在新的情境中运用所学的知识。例如，如何运用所学知识改进仪器，使之更好用？保持测验注重记忆。迁移测验注重理解。

根据学习者保持测试和迁移测试的分数或结果，可以将学习者的学习结果分为三种类型，无效学习（学习者保持测试和迁移测试的结果都很差）、机械学习（学习者保持测试的结果很好，但迁移测试的结果很差）和意义学习（学习者保持测试和迁移测试的结果都很好）。

除了采用定量的方法来评估学习结果之外，还可以采用定性的方法，例如，访谈法（在学习过程中或学习之后对学习者进行访谈）、观察法（观察学生在学习过程中的表现）等。定性研究可以增加描述学习结果的丰富性，同时还可以帮助澄清基本的学习过程。

评估方法的选择

在评估学习结果时，通常采用量评法和类评法。量评法把重点放在测量学生学会了多少知识上，比如测量一次测验的正确率。这种方法是基于学习即获得知识的观点，将学习过程视为填充空容器的过程。如果教育目标只是为了帮助学习者达到一定水平的测验成绩，量评法是合适的。类评法是为了反映学习者的知识结构。这种方法基于学习即知识建构的观点，将学习的过程视为建构认知表征的过程。类评法能够提供更加具体的信息，有利于改进教学，因为它清晰地描述了学习者的知识掌握情况。

两种方法的对比说明，如小明在加减法计算中的错误分析案例，详见教例【8-1】。在这个例子中，如果采用量评法，小明只能得到 50% 的分数。这个结果说明小明还需要接受进一步的指导，但量评法对接下来要做什么并没有给出明确的指示。

如果采用类评法进行评价，就会注意到小明的解题过程有问题，小明只是用每一列较大的数减去较小的数，说明小明使用了一个错误的计算程序。如果知道具体错在哪里，教师就可以有针对性的设计教学。类评法可以指出学习者知识体系中具体错误概念，因此，被称为错误分析。

教例
8-1

小明在加减法计算中的错误分析

计算题	54-33=21	63-29=46	67-15=52	65-16=51
量评法	对	错	对	错
	对	错	对	错
类评法	错误分析：小明的解题过程有问题，只是用每一列较大的数减去较小的数。说明小明使用了一个错误的计算程序，需要对其进行专门指导，指出小明计算过程中的具体错误；如果班级中出现这种错误的同学很多，就需要改进教学设计			

8.2 从教学评价角度重新审视核心认知目标：基于认知目标分类体系

7.3 节和 7.4 节给出了从两种不同视角出发，确定课程核心认知目标的方法。

但我们还需要进一步加工已形成的核心认知目标，确保其符合一般性标准：既能够被他人理解不会产生模糊或歧义，也能够更有效指导教学评价、教学内容与策略等的设计。

1956 年布卢姆等撰写出版《教育目标分类学，教育目的分类法，手册 I：认知领域》（以下简称《手册》），提出了教学中认知目标分类体系。安德森等人 [15] 在 2001 年将布卢姆原版分类体系中的单一维度修订为两个维度，即"认知过程"维度和"知识"维度。《手册》中针对每个知识维度亚类，以及每个具体认知过程都用例子给出了详细解释，还给出了详细的六门课程案例，有兴趣的读者可以查阅。

本节将基于教育目标分类体系，探讨如何对已初步形成的核心认知目标进一步梳理。

认知目标分类体系概述

根据安德森等人的工作 [15]，目标陈述包含一个动词和一个名词，其中动词描述认知过程维度，名词描述知识维度。认知过程维度从"记忆／回忆"到"理解"最后到"创造"，被认为复杂性不断增强。表 8-1 定义了"认知过程"维度和"知识"维度间关系。

知识维度的四个类别则是按照从具体（事实性知识）到抽象（元认知知识）的顺序排列在一个连续体上。概念性知识和程序性知识两个类别在抽象程度上有重叠，程序性知识往往比概念性知识更为具体 [15]。

表 8-2 和 8-3 给出了"知识"和"认知过程"这两个维度更为具体的类别划分。

表 8-1　认知目标分类矩阵

知识维度	认知过程维度					
	记忆／回忆	理解	应用	分析	评价	创造
事实性知识						
概念性知识		目标 1	目标 2			
程序性知识				目标 3	目标 4	
元认知知识						

表 8-2　"知识"的主要类别及其亚类

	主要类别及其亚类	例子
A	事实性知识——学生通晓一门学科或解决其中的问题必须了解的基本要素	
A1	术语知识（Knowledge of terminology）	技术词汇、音乐符号
A2	具体细节和要素的知识 （Knowledge of specific details and elements）	重要的自然资源、可靠的信息源
B	概念性知识——在一个更大的体系内共同产生作用的基本要素之间的关系	
B1	分类和类别的知识 （Knowledge of classifications and categories）	地质时期、企业产权形式
B2	原理和通则的知识 （Knowledge of principles and generalizations）	勾股定理、供求规律
B3	理论、模型和结构的知识 （Knowledge of theories, models and structures）	进化论、企业的组织结构
C	程序性知识——做某事的方法、探究的方法以及使用技能、算法、技术和方法的准则	
C1	具体学科的技能和算法的知识 （Knowledge of subject-specific skills and algorithms）	水彩绘画的技能、整数除法的算法
C3	具体学科的技术和方法的知识 （Knowledge of subject-techniques and methods）	访谈技巧、科学方法
C3	确定何时使用适当程序的准则知识 （Knowledge of criteria for determining when to use appropriate procedures）	确定何时使用牛顿第二定律的准则；判断使用某一方法估计企业成本是否可行的准则
D	元认知知识——关于一般认识的知识以及关于自我认知的意识和知识	
D1	策略性知识（Strategic Knowledge）	获得教材中一节课的结构的方法；使用启发法的知识
D2	关于认知任务的知识，包括适当的情境知识和条件性知识（Knowledge about cognitive tasks, including appropriate contextual and conditional knowledge）	指导某一教师实施的测验类型、知道不同任务的认知要求
D3	关于自我的知识（Self-Knowledge）	知道自己的长处与短处；了解自己的知识水平

表 8-3 "认知过程"的主要类别及其亚类

认知过程的类别		同义词	定义及其例子
1. 记忆 / 回忆（Remember）——从长时记忆中提取相关知识			
1.1	识别（Recognizing）	辨认（Identifying）	在长时记忆中查找与呈现材料相吻合的知识（例如，识别历史中重要事件的日期）
1.2	回忆（Recalling）	提取（retrieving）	从长时记忆中提取相关知识（如回忆历史中重要事件的日期）
2. 理解（Understand）——从口头、书面和图像等交流形式的教学信息中建构意义			
2.1	解释（Interpreting）	澄清（Clarifying） 释义（Paraphrasing）描述（Representing） 转化（Translating）	将信息从一种表示形式（如数字的）转变为另一种表示形式（如文字的）（例如阐释重要演讲和文献的意义）
2.2	举例（Exemplifying）	示例（Illustrating）实例化（Instantiating）	找到概念或原理的具体例子或例证（例如，列举各种绘画艺术风格的例子）
2.3	分类（Classifying）	归类（Categorizing）归入（Subsuming）	确定某物某事属于一个类别（如概念或类别）（例如，将观察到的或描述过的精神疾病案例分类）
2.4	总结（Summarizing）	概括（Abstracting）归纳（Generalizing）	概括总主题或要点（例如，书写录像带所放映事件的简介）
2.5	推断（Inferring）	断定（Concluding） 外推（Extrapolating）内推（Interpolating） 预测（Predicting）	从呈现的信息中推断出合乎逻辑的结论（例如，学习外语时从例子中推断语法规则）
2.6	比较（Comparing）	对比（Contrasting） 对应（Mapping）配对（Matching）	发现两种观点、两个对象之间的对应关系（例如，将历史事件与当代的情形进行比较）
2.7	说明（Explaining）	建模（Constructing Models）	建构一个系统的因果关系（例如，说明法国 18 世纪重要事件的原因）
3. 应用（Apply）——在给定的情境中执行或使用程序			
3.1	执行（Executing）	实行（Carrying Out）	将程序用于熟悉的任务（例如，两个多位数的相除）
3.2	实施（Implement）	使用（Suing）运用（Using）	将程序用于不熟悉的任务（例如，在牛顿第二定律使用的问题情境中运用该定律）

续表

认知过程的类别		同义词	定义及其例子
4．分析（Analyze）——将材料分解为组成部分，确定部分间的关系，以及各部分与总体结构或总目的间关系			
4.1	区别 （Differentiating）	辨别（Discriminating）　区分（Distinguishing） 聚焦（Focusing）　选择（Selecting）	区分呈现材料的相关与无关部分及重要与次要部分（例如，区分一道数学题中的相关数字与无关数字）
4.2	组织 （Organizing）	发现连贯性（Finding Coherence） 整合（Integrating）　概述（Outlining） 分解（Parsing）　构成（Structing）	确定要素在一个结构中的合适位置或作用（例如，将历史描述组织起来，形成赞同或否定某一历史解释的证据）
4.3	归因 （Attributing）	解构（Deconstructing）	确定呈现材料背后的观点、倾向、价值或意图（例如，依据其政治观来确定该文章作者的立场）
5．评价（Evaluate）——基于准则和标准作出判断			
5.1	检查（Checking）	协调（Coordinating）　查明（Detecting） 监控（Monitoring）　检验（Testing）	发现一个过程或产品内部的矛盾和谬误；确定一个过程或产品是否具有内部一致性；查明程序实施的有效性（例如，确定科学家的结论是否与观察数据相吻合）
5.2	评论 （Critiquing）	判断（Judging）	发现一个产品与外部准则之间的矛盾；确定一个产品是否具有外部一致性；查明程序对一个给定问题的恰当性（例如，判断解决某个问题的两种方法中哪一个更好）
6．创造（Create）——将要素组成内在一致的整体或功能性整体；将要素重新组成新的模型或结构			
6.1	产生（Generating）	假设（Hypothesizing）	基于准则提出相异假设（例如，提出解释观察的现象的假设）
6.2	计划（Planning）	设计（Designing）	为完成某一任务设计程序（例如，计划关于特定历史主题的研究报告）
6.3	生成（Producing）	建构（Constructing）	生产一个产品（例如，有目的的建立某些物种的栖息地）

应用认知目标分类体系梳理与表述认知目标

在 7.3~7.4 节中，我们已经分析了如何确定课程的核心认知目标，依据认知目标分类矩阵，就可以建立教学目标（学习问题）、教学问题、测评问题三者之间的关系。

学习问题
（教学目标）

举例来看，如果确定了认知目标"学生将学会运用电磁定律（如楞次定律和欧姆定律）去解答问题"，就需要明确知识维度的类别和认知过程维度的类别。根据表 8-2，知识维度的词语是电磁定律，属于概念性知识；根据表 8-3，认知过程维度的词语是运用，属于应用类别。这样，就可以将教学目标放入教育目标分类矩阵中的具体位置，详见教例【8-2】。

教例
8-2

基于目标分类体系整理认知目标"学生将学会运用电磁定律解答问题"

知识维度	"认知过程"维度					
	1. 记忆/回忆	2. 理解	3. 应用	4. 分析	5. 评价	6. 创造
事实性知识						
概念性知识			运用电磁定律（如楞次定律 和 欧姆定律）去解答问题			
程序性知识						
元认知知识						

教学问题（教学活动）

对教师而言，当教学目标明确以后，应当考虑的问题是采用什么样的教学活动（如讲授、讨论、试验、课外调查等），可以帮助学生达到教学目标。要达到这个教学目标，学生需要达到什么样的水平，经历什么样的认知活动。

例如，学生需要确定面临问题的类型、选择可能解决这类问题的一条定律、使用包含这条定律的一个程序去解答该问题、当学生发生错误时如何纠正等。这些活动就涉及到其他类别的知识或认知过程，

教师在设计教学活动时，就应设计一系列教学活动，使学生逐渐达到教学目标。因此，教学设计是针对教学目标的一系列教学活动的有序组合。

在教学活动中，还应注意的一个问题是活动结果的载体问题，即活动后的作业载体。建议用具体的作业形式，如手工制品、研究报告、试验报告等可视化、可具体化的作业载体来记录教学活动的成果，并注意在这些作业载体中体现教学目标，并便于进行教学评价。

测评问题

当教师按照上述的教学目标进行教学设计，并开展了教学活动。就可以针对上述教学活动，进行测评设计。

在进行测评设计时，应注意使用测评的目的，是为了了解学生的学习效果，还是评估教学活动的效果；是形成性评价的一部分，还是终结性测评等。

根据测评目的的不同，测评设计及其对应的测评活动、测评方案也应该不同。测评设计也是不同测评活动的有序组合。

评价时，应注意评价对象的选择，也就是教学活动的作业成果及其中包含的教学目标，并应及时进行教学评一致性审核，以保证教学评的系统性和一致性。

将认知目标分类体系应用于"工程地质"教学设计

"工程地质"是为建筑学院规划专业本科生开设的一门专业必修课程，包括矿物与岩石、地质构造、水的地质作用、岩土体的工程性质、地质灾害等内容。

以课程中的"岩石"概念为例，确定了认知目标之一为"理解岩石的基本概念"，从知识维度判断"岩石"概念是属于概念性知识。认知过程为"理解"。

进一步，为了实现预定的教学目标，则需要设计教学活动（如PBL）及其作业形式；同时，为了评价通过教学活动学生是否达到了预设的教学目标，需要设计测评活动，特别需要关注测评教学目标达成情况。

由此，使用目标分类矩阵表8-1，就可以保证教师在进行教学设计时，能根据教学目标进行教学活动，设计教学评价方法，而不至于偏离教学目标，设计详见教例【8-3】。具体的教学活动设计和教学评价设计在后续的章节中会有详细的说明。

教例 8-3

将认知分类体系应用于"工程地质"教学设计

知识维度	认知过程维度					
	记忆	理解	应用	分析	评价	创造
事实性知识						
概念性知识 岩石的概念		教学目标　教学活动 作业形式　测评活动				
程序性知识						
元认知知识						

教学目标：理解岩石的基本概念
教学活动：PBL（到实验室观察真实的岩石标本，如岩石的颜色、组成、结构、构造等地质特征）
作业形式：岩石观察报告（观察岩石的颜色、组成、结构、构造等地质特征）
测评活动：让学生用阐述对"岩石"的理解，根据学生的解释说明来判断学生对"岩石"概念的理解程度

将认知分类体系应用于"C语言"教学设计

教例【8-4】是未使用分类体系的"C语言"课程目标。总体来看，它满足了动词 + 名词的形式，算是在我们看到的教学目标中详细比较得当、清晰的。

但目标中使用的"熟悉""掌握"等动词，较为模糊，这会导致后面难以指导教学设计和评价。比如"熟悉"基本数据类型的具体含义是什么呢？如果是指能够复述其定义，那么可能我们的教学会强调对其定义的记忆，考试时候也会用名词解释的形式来要求学生复述。但显然更重要的是学生知道何时使用不同类型变量，并且在编程时候能够正确使用。

下面我们基于分类体系，修改课程目标1"熟悉C语言的基本数据类型，掌握并应用基本程序结构、各种类型运算及表达式"。显然这个目标需要多种认知过程和知识类别来支撑。

教例【8-5】给出了"知识维度"。为了帮助理解四个知识维度类别，我们参考了梅里尔[12]、威金斯[14]等的分类方法，粗略将事实性知识归类为"是什么"成分技能，概念性知识归类为"有什么"和"为什么"，程序性知识为"如何做"，而元认知知识为"使能"型成分技能，即为了达成其他目标学生应该具有的能力。

教例
8-4

C语言课程目标（未使用分类体系）

课程目标1：熟悉C语言的基本数据类型，掌握并应用基本程序结构、各种类型运算及表达式。

课程目标2：掌握C语言的构造类型的定义与使用、掌握函数、指针的定义与使用方法，掌握文件的读写方法。

课程目标3：熟悉C编译软件的使用方法，了解程序设计的一般流程及常见方法。掌握算法的表示方法，掌握常见问题的算法，通过课程实验，培养学生运用所学知识解决实际问题的意识。

"C 语言"课程目标 1 的"知识"维度	
A. 事实性知识（是什么？）	
A1. 术语知识	C 语句基本格式、数据基本类型、关系运算符与关系表达式、逻辑运算符与逻辑表达式、条件运算符和条件表达式
A2. 具体细节和要素的知识	
B. 概念性知识（有什么？为什么？）	
B1. 分类和类别的知识	顺序结构、循环结构、选择结构
B2. 原理和通则的知识	
B3. 理论、模型和结构的知识	
C. 程序性知识（如何做？）	
C1. 具体学科的技能和算法的知识	定义基本数据类型、编写基本 C 语句用 while 语句实现循环、用 do-while 语句实现循环、用 for 语句实现循环、循环的嵌套用 if 语句实现选择结构、用 switch 语句实现多分支选择结构、选择结构的嵌套分析编写包含三种结构的程序代码
C2. 具体学科的技术和方法的知识	
C3. 确定何时使用适当程序的准则知识	根据实际需要综合所学正确完成学习任务
D. 元认知知识（"使能"技能）	
D1. 策略性知识	准确评估任务难度与自身能力、合理安排计划进度、不断优化调整方案、持续不断努力
D2. 关于认知任务的知识，包括适当的情境性知识和条件性知识	
D3. 关于自我的认知	

有了"知识"维度之后，我们可以进一步确定具体认知过程，教例【8-6】给出了二维分类目标。

教例【8-6】　"C语言"课程目标1的二维分类表

知识认知过程	A. 事实性知识	B. 概念性知识	C. 程序性知识	D. 元认知知识
记忆／回忆	复述定义、识别类型			
理解	解释关系表达式、逻辑表达式、条件表达式含义； 预测表达式运行结果		推断不同结构程序的运行结果	
应用	分析及编写包含表达式的C语句； 将表达式应用于结构控制程序中		分析编写包含不同结构的程序	
分析		辨别三种程序结构的功能、应用场景等		
评价				不断评价任务完成情况并调整策略
创造			为完成某一任务设计程序	

由此我们确定基于分类体系的"C语言"课程目标1，如教例【8-7】所示。

教例【8-7】C语言课程目标1（基于认知目标分类体系）

　　针对C语句基本格式、数据基本类型、关系运算符与关系表达式、逻辑运算符与逻辑表达式、条件运算符和条件表达式等事实性知识，能够复述定义，并识别不同类型；能够解释各种关系表达式、逻辑表达式、条件表达式的含义，并预测表达式运行结果。针对三种程序结构，能够辨别它们的功能与应用场景，推断程序运行结果，分析和编写代码。能够根据实际任务需求，编写程序并进行测试；在任务完成过程中，能够不断控制任务进度，不断调整策略，确保任务按时高质量完成。

从有意义的学习角度重新审视"C 语言"教学目标

我们再以 C 语言"程序结构"为例，看看安德森等提到的三种学习[15]，如教例【8-8】所示。

教例【8-8】程序结构的三种学习情形

● 零学习

学习情况描述：小王学习了顺序结构、循环结构、选择结构这三章内容。让他回忆时，他只记得很少一些概念。尽管这部分详细介绍了各种运算符、表达式、语句，但他不能将它们列举出来。总体来看，他既读不懂程序代码，又画不出流程图，更编写不出一段可用的 C 语言代码。

学习情况分析：小王的学习停留在对一些零散知识点的记忆上，没有建立这些知识点间的联系，因而很容易遗忘。在考试的时候，他甚至不能写出一句完整代码。这是最糟糕的一种学习情形，他既未掌握又不能够应用相关知识。

● 机械学习

学习情况描述：小李也在学习这三章内容，与小王不同，他能够列举各种运算符、表达式、语句，也能够读懂书上示例中的代码，甚至可以根据流程图编写一段代码。但他不能针对实际要求，编写出一段可用的 C 语言代码；对于比较复杂、老师没有解释过的代码，仍然读不懂。

学习情况分析：小李看起来掌握了相关知识，且在老师讲解后或者流程图作为脚手架的情况能够进行一定程度的应用，但这种应用还停留在模仿阶段，当脚手架撤掉或者遇到新的情境时，他还不能有效地应用和迁移已学的知识。

● 有意义的学习

学习情况描述：小杨同样学习这三章内容，他与小李一样能够列举各种运算符、表达式、语句。同时，他已经能够很轻松地读懂分析代码，并针对实际任务的要求，编写出可用的代码。

学习情况分析：小杨不仅掌握了相关知识，而且能够应用掌握的知识去解决问题，并且能够把知识迁移到新的问题和新的学习情境之中。

显然，我们希望学生都能够像小杨那样进行有意义的学习。因此，我们需要对教例【8-7】中的目标进行再审视。我们发现，它跟我们真正想要的目标还是有差距的。

首先，我们希望达成的目标，是学生能够像"专家"一样应用和迁移。作为专家，其实我们也无法完整准确说出各种定义，所以我们不应把"复述定义"作为教学目标。

我们发现这些目标之间是有重叠的，特别由于我们强调不断整合成分技能，例如条件表达式是会被整合到条件结构中的；条件结构是会在完成某一特定任务中去应用的。

依据威金斯的说法[14]，我们要知道该单元中，可以让学生去应用和迁移的"大概念"是什么？与"大概念"对应的核心任务又是什么？我们认为，这个部分的"大概念"就是三种程序结构，基于它可以架构大部分的教学内容，比如表达式、C 语句基本结构等；而核心任务就是学生能够分析或编写 C 程序（应用），并且根据真实任务描述完成相关程序（迁移）。这样的话，我们就可以形成教例【8-9】中教学目标。

教例
8-9

"C 语言"课程目标 1

能够应用三种结构，根据实际任务需求完成程序设计并不断优化；能够有效控制任务进度、调整策略，按时保质完成任务。

认知目标分类体系的应用通则

使用教学目标分类体系，要关注两个关键问题：一是重点要突出，即哪些成分知识技能最紧要。二是要整合，避免成分知识技能间相互割裂。因此，我们建议首先应用 7.3 节和 7.4 节的方法，确定课程的核心认知目标后，再基于本节的认知目标分类体系对其进行分类。

为了更好地应用目标分类体系安德森等[15]针对课堂教学中普遍存在的问题，提出了应用分类法的九条通则，如表 8-4 所示。随后我们将据此提出两个建议。

表 8-4 关于四个问题的 9 条通则 [15]

问题	通则
学习问题：在有效的学校和课堂教学时间内，什么值得学生学习	1．学习的迁移和保持是教学的重要目的 2．知识与认知过程一起界定学生的学习目标
教学问题：如何计划和进行教学才能使得大部分学生在高层次上进行学习	3．某些类别的知识常伴随着某些特定的认知过程 4．不要把教学活动作为教学目标
测评问题：如何选择和设计提供学生学习情况准确信息的测评工具和程序	5．测评有两个基本目的，形成性测评用于改进学生学习效果，终结性测评用以评定学习水平，二者同等重要 6．外部测评对课堂教学具有正反两方面影响
一致性问题：如何确保目标、教学和测评彼此一致	7．应设法使测评与目标保持一致 8．如果教学活动与测评不一致，测评结果也许会低估教学效果 9．如果教学活动与目标不一致，学生也许积极参与了活动，但无法获得预期学习效果

应用认知目标分类体系的建议 1：尽量使用复杂认知过程

在六种认知类别中，"回忆""理解""应用"常与特定的知识类别相联系，比如"回忆"可能涉及基本定义、概念；"理解"是原理、理论，"应用"则更多为程序性知识。而"分析""评价""创造"这三类则可以用于所有的知识类别。因此作为教学活动，就可以帮助进行"回忆""理解"和"应用"。

例如，在前面 C 语言的例子中，认知过程"应用"中"分析编写包含不同结构的程序"，就可以用"创造"中的"为完成某一任务设计程序"来实现，因为此时任务具有真实背景，因此更有助于迁移。

> 建议 1：尽量使用复杂认知过程去帮助实现较简单的目标，因为较复杂的认知过程是学习迁移和问题解决的关键，它赋予知识技能以更丰富的情境，也让学生更有可能在知识的各部分间建立联系。

应用认知目标分类体系的建议 2：不要把教学活动作为教学目标

在撰写教学目标时，容易犯的错误是把教学活动作为教学目标。例如教例【6-1】中将"让学生体验篮球、足球、羽毛球等不同球类运动"作为教学目标。但其实我们的教学目标，应该是学生从这些活动中应该学到哪些东西？

安德森等指出[15]，人们经常过于强调教学活动（方法）的成功，因为它容易观察；但往往忽视学生学习的成功，因为它更难以观察。

基于教例【8-10】我们来分析二者的区别。初看起来，示例中的课程采用了项目式教学，几乎所有学生都完成了机电产品的制作，其教学似乎是成功的。但事实上我们还需要分析这门课程的真正教学目标是什么？

如果我们认可表 8-4 中的通则 1，我们不难发现，学生学完这门课程之后，能

> 建议 2：不要把教学活动作为教学目标，而是要根据教学目标去设计教学活动，在评价时也不是简单评价学生在教学活动中的表现（是否积极参与等），而是评价他们的学习成果（能够将所学知识迁移解决新的问题）。

够迁移的东西很少。如果要求他们用在这个项目里面学到的知识技能去设计制作一件新的机电产品，他们几乎处于"零学习"状态。

仔细分析就会发现，这门课程把教学活动（实现模块和整个产品）当成了教学目标，但教学目标应该是学生在制作每个模块与最终产品获得的知识技能。

不要把教学活动作为教学目标

　　某门课程开展项目式教学，学生需要完成机电产品的制作。老师们担心学生们可能完成不了，为了确保他们都能完成任务，将这件产品分成了若干模块，每个模块都有比较详细的说明，学生们只要按照说明认真操作，就可以完成产品的制作。学生最后的成绩主要依据学生在实现各模块时的表现，以及最终产品完成情况来评定。

关于认知目标分类体系的补充说明

总的来说，教育目标分类矩阵，为教师开展教学设计，提供了可视化的思维工具，有助于教师在第6章基础上，进一步梳理明确目标、理清教学设计思路、测评设计思路，设计出简单、实用的教学方案、测评方案。

需要注意的是，学者们基于布鲁姆的目标分类学开展了大量研究，提出了对原版分类体系的多种修订改进版本，安德森等的工作只是其中之一。因此，安德森等在《教育目标分类学，教育目的分类法，手册I：认知领域》（以下简称《手册》）中简要列举了19种相异分类框架，并分析了自己工作与这些框架的相似之处。

由于《手册》的教育目标分类主要集中在认知领域，实际上还有情感领域、动作技能领域的分类需求和教学需求，因此在使用《手册》中的教育目标分类时，应注意其适用条件，根据实际的教学需要来使用。

8.3　评价方法设计

托马斯·A.安吉洛、K.帕特里夏·克罗斯等人编著的《课堂评价技巧》一书系统介绍了课堂评价的有关内容[18]，书中提供了 10 个大类 50 项课堂评价方法，并对每种课堂评价方法进行了解释和说明，提供了使用范例，对提高课堂评价技巧很有启发意义，详见表 8–5，以供参考。

表 8-5　课堂评价方法 50 种简表[18]

序号	适用类别	方法名称	
1	对先验知识、回忆及理解能力的评价技巧	1．背景知识调查 3．错误概念／先入之见核查 5．记忆矩阵 7．最难理解点	2．集中列举 4．空白提纲 6．分钟作文
2	对分析与批判性思维技能的评价技巧	8．归类表格 10．正反对照表 12．分析性备忘录	9．定义性特征矩阵 11．内容、形式与功能大纲
3	对综合推理与创新思维能力的评价技巧	13．一句话总结 15．近似类推 17．自创对话	14．单词记录 16．概念图 18．注释文件夹
4	对解题技能的评价技巧	19．对问题进行辨别的任务 21．解题方法求证	20．遵循何种原则 22．音像记录

序号	适用类别	方法名称	
5	对应用和行为技能的评价技巧	23．指向性释义 25．学生出考题 27．论文或项目计划	24．应用卡片 26．舞台造型或课堂模仿
6	学生对待问题的看法与价值观意识评价技巧	28．课堂民意测验 30．崇拜人物简介 32．与课程相关的自信心调查	29．复式记录 31．日常道德困境
7	学生作为学习者的自我意识评价技巧	33．主题自传体速写 35．目标排序与比对	34．兴趣／知识／技能清单 36．学习方法自我评价
8	同课程相关的学习技能、策略以及行为的评价	37．有效学习时间日志 39．过程分析	38．停顿式讲课 40．诊断式学习日志
9	学习者对教师与教学的反应评价技巧	41．链式笔录 43．教师设计的反馈表 45．课堂评价质量监控小组	42．电子邮件反馈 44．小组教学反馈技巧
10	学习者对课堂活动、课外作业及讲义材料的反应评价技巧	46．RSQC2（回忆、概括、提问、评论及联想） 48．阅读材料等级评定单 50．考试评价	47．小组活动评价 49．课外作业评价

评价方法示例：对解题技能的评价

表8-6详细给出了《课堂评价技巧》中第4类"对解题技能的评价技巧"四种评价方法详细描述。

表8-6　"对解题技能的评价技巧"对应的评价方法[18]

名称	评价目标	内容	说明
19．对问题进行辨别的任务	①培养学生将所学原理与结论应用于新问题、新情景的能力，即迁移能力②培养解题技能③培养恰当的学习技能、策略与习惯④掌握获取新知识的技巧和方法	● 为学生展示集中常见问题类型，让学生辨别出每个实例所反映的具体问题类型● 要选择学生难以区分且互相联系的问题实例	● 学生在许多学科领域学到了各种各样解题方法，但往往很难判别哪种方法解决哪类问题最合适● 本方法帮助教师评价学生识别问题的准确程度，是解决问题的第一步，可以帮助学生培养重要的分析问题能力
20．遵循何种原则		● 为学生提供一些问题，要求学生说明每个问题的最佳解决原则● 要保证学生已经学过这些原则	● 评价学生在特定问题和解决这些问题的原则之间建立联系的能力● 帮助教师了解学生是否掌握了如何运用本学科的基本原则
21．解题方法求证		● 让学生将解题步骤记录下来，以展示和说明自己是如何解决问题的● 应选择适当的典型问题，教师先尝试将全部解题步骤记录下来。随后将问题发给学生并说明对解题步骤的解释比得出正确答案更重要	● 要想真正成为解题高手，学生需要掌握的不仅是找出课本中问题的正确答案，关键是要知晓自己是如何解决问题的● 教师通过分析学生的解题步骤记录，可以获得学生解题技能方面的有用信息
22．音像记录		● 让学生将解题过程中的步骤进行音像记录，从而"实时"展示其解题过程，阐述解决方法● 需要告知学生教师希望了解什么，必要时可以为学生准备示范案例	● 一方面教师可以详细评价学生的解题途径与能力，更重要的是可以帮助教师了解学生是如何理解自己的解题步骤的● 本方法因此发展了学生元认知，即学习者对自身思维过程的意识及驾驭

8.4　评价量表设计

作为评价探针的主要形式之一，评价量表是一种评分工具，描述的是对某项任务的具体期望。

评价量表将任务分解成多个组成部分，并对每个组成部分合格或不合格的表现进行详细描述。

评价量表可用于评价多种任务，如研究论文、讨论、实验报告、档案、小组活动、口头陈述等。

在教学中使用评价量表能为学生提供及时反馈，能让学生了解详细的反馈、培养批判性思维、加强与他人的沟通，提升教学水平、创造公平的竞争环境。

评价量表由 4 个部分组成，如表 8-7 所示。最简单的评价量表包含任务描述（任务）、某类评价标尺（成就水平、可采取的等级形式）、教学目标的评价维度（任务所涉及的技能 / 知识 / 价值的分解）和对每个表现水平构成要素的描述（具体反馈）。

表 8-7　评价量表的基本结构

表格标题：			
任务描述：			
教学目标的评价维度	评价标尺		
	一级标尺	二级标尺	三级标尺
维度 1			
维度 2			
维度 3			
维度 4			

任务描述

任务描述主要是由教师最初制定，而且涉及学生某个方面的表现。任务可以采取具体作业的形式，例如论文、海报或陈述，也可采取总体行为的形式，例如参与度、遵守适当的实验室规则和课堂行为表现。

任务描述放在评价量表的最上面。这样做的部分目的是在评分时提醒自己最初的任务描述，并在未来可能再次使用同一个评分量表时便于参考。更主要的目的是将分派的任务放在学生所知的评价量表的最上面，尤其能吸引学生的注意力。在为评价量表添加参考后，分派的任务和评价 量表标准对学生而言更加直观而且便于仔细阅读。学生更关心评定结果，因此，评价量表应尽可 能明确地传达教师的期望。

大多数评价量表都包含描述性标题和任务描述，教例【8-11】给出了西南交通大学"跨学科创新方法与实践"课程教学设计案例。

教例 8-11

设计"跨学科创新方法与实践"课程评价量表中的"任务描述"

表格标题："跨学科创新方法与实践"课程的期末总结			
任务描述：每位学生在期末时，结合课程所学，撰写一份至少 1000 字的期末总结。请结合自己 一学期的学习体验，阐释对创新的学术理解、学习课程的心得体会、对课程的意见和建议等。			
教学目标的评价维度	评价标尺		
	优秀	合格	有待改进
维度 1			
维度 2			
维度 3			
维度 4			

评价标尺

评价标尺用于描述特定任务执行好坏程度，如教例【8-12】中的"优秀""合格""有待改进"。

用于描述表现水平的词语应当得体而且明确。在一般性评价量表中，掌握、部分掌握、进步中和新颖等以肯定、生动的动词形式描述了接下来对学生的期望，而且还缓解了最低标准尺度中的低分可能给学生带来的打击。有的教师可能喜欢用不带偏见，非竞争性的词语，如高级、中级、初级，而另一些教师可能喜欢用数字甚至等级。

评价标尺的等级划分，三级划分是基本的，教师可以根据需要划分成 5 个或更多等级。划分等级越多，越难以相互区分并说明为什么某个学生的成果属于某一级。设置更多具体的级别可以让学生更加明确任务，而且能减少教师写出详细评价的注释所需的时间。大多数教师认为三级是评价量表标尺的最佳级数。

教例
8-12

设计"跨学科创新方法与实践"课程评价量表中的"评价标尺"

表格标题："跨学科创新方法与实践"课程的期末总结

任务描述：每位学生在期末时，结合课程所学，撰写一份至少 1000 字的期末总结。请结合自己一学期的学习体验，阐释对创新的学术理解、学习课程的心得体会、对课程的意见和建议等。

教学目标的评价维度	评价标尺		
	优秀	合格	有待改进
维度 1			
维度 2			
维度 3			
维度 4			

教学目标的评价维度

教学目标的评价维度代表学生为顺利完成学术任务而需要结合使用的技能类型，如需要牢固掌握相关的内容、方法、引文、实例、分析及使用适合于具体情况的措辞。评价维度不仅能简要描述这些技能，还能在任务评分后让教师很快了解学生在各个维度中的强项和弱项。

评价量表中"教学目标的评价维度"简单而完整地列出了任务的各部分，如教例【8-13】所示。评价量表还能为学生阐明怎样将任务分解构成要素以及哪些构成要素是重要的，是语法、分析、事实内容还是研究方法，任务的每个方面分配了多大的权重。虽然没有必要分别为不同维度设置权重，但给每个维度设置分数和百分比可以进一步强调任务各方面的重要性。

教学目标的评价维度实际上是教学目标的具体化，通过具体的作业形式将教学目标显性化，引起学生的重视和理解。

教例 8-13

设计"跨学科创新方法与实践"课程评价量表中的"评价维度"

表格标题："跨学科创新方法与实践"课程的期末总结

任务描述：每位学生在期末时，结合课程所学，撰写一份至少 1000 字的期末总结。请结合自己一学期的学习体验，阐释对创新的学术理解、学习课程的心得体会、对课程的意见和建议等。

教学目标的评价维度	评价标尺		
	优秀	合格	有待改进
知识 / 理解（20%/20 分）			
思考 / 探究（30%/30 分）			
沟通（20%/20 分）			
工具的使用（20%/20 分）			
陈述技巧（10%/10 分）			

水平描述

　　教学目标的评价维度本身属于包含很广的分类。因此，对于每个维度，评价量表最起码都应包含该维度中最高表现水平的描述。

　　只包含最高水平描述的评价量表称为评分指南评价量表。评分指南评价量表实现了更大的灵活性和个性化风格，但由于需要书面说明学生在哪些方面未能达到最高表现水平（教例【8-14】中的"评论"部分），因此，确实会增加使用该量表进行成绩评定所需要的时间。

教例 8-14

设计"跨学科创新方法与实践"课程评价量表中的"水平描述"

表格标题："跨学科创新方法与实践"课程的期末总结			
任务描述：每位学生在期末时，结合课程所学，撰写一份至少 1000 字的期末总结。请结合自己一学期的学习体验，阐释对创新的学术理解、学习课程的心得体会、对课程的意见和建议等。			
教学目标的评价维度	评价标尺		
	标准	评论	成绩
知识 / 理解（20%/20 分）	陈述采用相关而准确的细节支持学生的论点，表现出对问题的深入理解。研究非常透彻而且超出了课堂中介绍的内容		
思考 / 探究（30%/30 分）	陈述围绕论点进行，体现了对问题的高度认识和优秀构思能力		
沟通（20%/20 分）	陈述在传达观点方面富于想象力而且效果很好。陈述人有效的应对受众的反应和问题		
工具的使用（20%/20 分）	陈述采用了适当、简明的辅助工具，而且陈述人在陈述时适当提到并介绍了这些工具		
陈述技巧（10%/10 分）	陈述人声音足够洪亮，并通过眼神交流、生动的语调、手势和身体语言来吸引观众		

对大多数任务而言，使用包含至少三级标尺的评价量表是最常见的一种描述方式，即未达到最高期望水平，如教例【8-15】所示。

"跨学科创新方法与实践"课程评价量表中包含三级标尺的"水平描述"

表格标题："跨学科创新方法与实践"课程的期末总结

任务描述：每位学生在期末时，结合课程所学，撰写一份至少 1000 字的期末总结。请结合自己一学期的学习体验，阐释对创新的学术理解、学习课程的心得体会、对课程的意见和建议等。

教学目标的评价维度	评价标尺		
	优秀	合格	有待改进
知识 / 理解（20%/20 分）	陈述采用相关而准确的细节支持学生的论点，表现出对问题的深入理解。研究非常透彻而且超出了课堂中介绍的内容	陈述所运用的知识总体上准确，只有微小偏差，而且总体上与学生的论题相关。研究较为充分但几乎没有超出课堂介绍的内容	陈述缺少相关准确的信息，甚至没有用到课堂介绍的内容。几乎没有研究成果
思考 / 探究（30%/30 分）	陈述围绕论点进行，体现了对问题的高度认识和优秀构思能力	陈述具备分析性结构和中心论题，但分析并不彻底或未紧扣论题	陈述不具备分析性结构和中心论题
沟通（20%/20 分）	陈述在传达观点方面富于想象力而且效果很好。陈述人有效的应对受众的反应和问题	陈述技巧能有效传达主要观点，但想象力不够。未能回答受众提出的部分问题	陈述未能吸引受众兴趣以及或需要传达的信息不清晰
工具的使用（20%/20 分）	陈述采用了适当、简明的辅助工具，而且陈述人在陈述时适当提到并介绍了这些工具	陈述包含适当的辅助工具，但太少且不便于使用，难以理解。或者陈述人在陈述时未提到并介绍这些工具	陈述未使用辅助工具，或辅助工具使用不当。陈述人陈述时未提到这类工具
陈述技巧（10%/10 分）	陈述人声音足够洪亮，并通过眼神交流、生动的语调、手势和身体语言来吸引观众	陈述人声音足够清晰而响亮，但往往声调低沉，未能有效地使用眼神、手势、身体语言交流	陈述人说话声音太小或言辞模糊，以至于让人无法理解。为尝试用眼神、手势或肢体语言交流

建构评价量表的四个阶段

总体来看，建构评价量表大致需要 4 个阶段。

第一个阶段是思考，主要是根据教学目标，思考教师对学生的期望、创建这个任务的动机、布置任务时的情境以及具体的期望。

第二个阶段是列举，重点关注将要布置的任务的具体细节以及教师希望任务完成时实现哪些具体的学习目标。

第三个阶段是分组和标注，主要是对思考阶段和列举阶段的结果进行编排，将相似的期望一起放在可能称为评价量表评价维度的栏目中。

第四个阶段是应用，主要是将任务描述、评价标尺、评价维度和维度描述有机组合，形成一个简单实用的评价量表（如上述教例【8-11】~教例【8-15】）。

第9章　课堂活动设计

教学的艺术不在于传授，而在于激励、唤醒和鼓舞。

在 PBL、PtBL 和 IDL 课程教学中，学生们要使用他们所学到的知识（无论是课堂上还是课堂外）来解决问题、做决定、进行调查，并对现实世界的问题做出回应，这将大大提高了他们学习的价值感。

这一章我们来探讨如何通过课堂活动的设计，打造高参与度的课堂，为学生提供充满激情和成就感的课堂体验。

9.1　什么是课堂活动

我们开展过哪些课堂活动

【回忆一下】

我们在课堂上曾开展过哪些课堂活动?

多媒体讲解?

播放视频?

随机提问?

小测验?

小组汇报?

课堂分组讨论?

……

思考:

这些课堂活动效果怎么样?

是否达到了我们的预期?

学生们喜欢 / 不喜欢哪些活动? 为什么?

进行这些活动是否达成了近期 / 远期的教学目标?

你是如何理解课堂活动的

有意识的学习与活动是互相依存，完全互动的。维果斯基曾说过："人类通过有意义的活动，比如对话、合作、互动交流等社会活动，获得洞察力和相关知识"。

明确界定"课堂活动"，首先要区分两个概念：教学活动与课堂活动。

教学活动是指课堂内外所有教学行为的总称，包括课前自我探究、课堂导入、讲解、问答、讨论、练习、课后反思、考核、互动及反馈等各教学环节。

课堂活动则特指除课前、课后之外的课中时段，在教室（或任何学习场合）为实现课程目标、教学目标而设计的各种任务式实践形式，其最终目的指向不同阶段的问题理解或项目实现。

课堂活动是教学活动的一部分。

课堂活动的重要意义

著名教育家杜威说过："教育就是给学生一些事情去做，而不是给他们一些东西去学，结果他们自然而然地学到了东西。"如果我们没有在漫长的前 20 年中帮助学生形成和锻炼自我导向学习、独立思考和决策的能力，又如何期盼他们大学毕业后，"一下子就会""在生命的长河里一直在练"呢？

如果未来无法预测，我们该如何面向未来而学习？

在漫长的学校生涯里，我们从来没有给学生们自己做决策的机会，更没有培养他们做决策和独立解决问题的能力；却期待他们一毕业，到了工作场合以后就能接手大项目、解决大问题，这是不可能实现的。

课堂活动的主要分类

按实施主体分类：个体活动与小组活动

个体活动通常与学生个体学习相关，譬如随堂测试、回答问题、做记录、独立阅读、查找资料、个体发言、网络查询、实验等。

小组活动包括团队合作完成的各种任务，如小组破冰、小组讨论、头脑风暴、小组陈述、合作探究、调查、实验等。

在 PBL、PtBL 和 IDL 的课堂活动设计和选择上，教师更倾向于使用小组式课堂活动。小组活动是合作学习模式的一种组织形式。研究证明，在合作学习中，小组成员共同承担责任、相互交流，能对学习任务和他人产生更加积极的情感，取得更好的学习效果、形成良好的人际关系，尤其是能让较落后的学生更好地面对自我、进步更快，这正是我们教学希望达成的目标。

> 思考：课堂上的小组活动实施过程中我们遇到过哪些问题？

按实施时段分类：课堂开始、中段、后段三个阶段

图 9-1 给出了按照课前、课中、课后三个阶段课堂活动设计模型。

以两学时的课为例，课堂开始的时间，大概占总时长的 10%，包括暖场、新内容导入与旧知唤醒，在 PtBL 与 IDL 模式中始终以小组合作方式为主，在首次课还可能包含分组及破冰等团建活动。

课堂中段是课堂活动发生最主要的区间，约占 80% 的课时时长。教师根据学习者特征、教学目标和内容设计合适的活动类型。各类活动又可能包括若干子活动，这一环节能够支持学习者应用与内化知识。通常包括讲解类活动、演示类活动、竞争性活动、交往类活动等。

课堂后段接近尾声，大概占 10% 课时时长，师生共同分析在活动过程中产生的问题和学习表现，并针对本课的难点进行再一次回忆和练习，达到巩固所学、提升能力的目的，可能包括总结、小测、快问快答、用脚投票等活动。

> 思考：是否可以跳过课堂开始和后段的活动，而把全部重心都放在中段的课堂活动上？

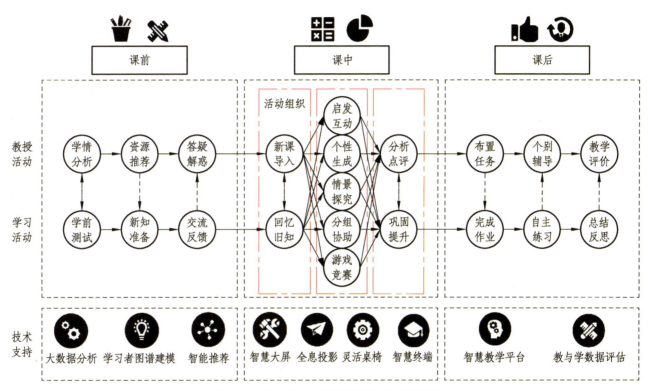

图 9-1　课前、课中、课后课堂活动设计模型 [19]

按任务阶段分类：预任务、循环任务和后任务

PBL、PtBL 和 IDL 这三种典型的任务型教学模式中，课堂构建可以分为：预任务（Pre-Task）、循环任务（Task-Cycle）、后任务（Post-Task）三阶段，分别如图 9-2 所示。

这三个环节分别对应不同的课堂时段，指向不同的教学目的，如预任务通常用于激活旧知、引起兴趣、展开话题等，中间的任务环迭代是根据课堂教学的主要内容依次展开，后任务主要用于检验教学效果和巩固所得。其中预任务可能前移至课前，后任务可能延伸至课后学习。

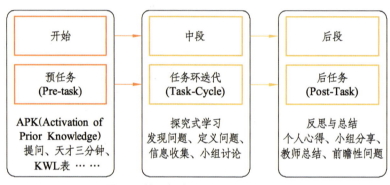

图 9-2　按任务阶段分的课堂活动设计

按内容性质分类：具体表现形式多种多样

讲述类活动包含课堂主体关于知识理解、任务汇报等内容的讲解与陈述，方式和媒介多元化，可使用多媒体、音频、视频、文本等媒介，有教师讲座、嘉宾演讲、学生汇报等形式。

实践类活动主要以动手实际操作为主的活动形式，如实验、手工制品制作、户外探索、社区服务、公益志愿者等。

游戏类活动是强参与性、主体性、互动性、情景性和趣味性的活动形式，如角色扮演小剧场、解密逃脱、虚拟仿真活动等。

竞争类活动是带有明显对抗性的活动形式，便于增加课堂张力，激发学习兴趣，增强学习动力与参与度，如知识竞赛、游戏化学习、辩论、模拟竞选、集体投票、写作马拉松等。

合作类活动是跟小组合作相关的所有活动，如团队破冰、小组讨论、小组调研等。

其他类型……（大家可自行展开想象）

> 按活动目的分类：课堂活动可以服务不同的课程目标

激活旧知类：在新知识的学习之前，通过复习和激活学生已有的相关知识和经验，来帮助学生更好地理解和吸收新知识，通常包含确认教学目标、学情分析、创建互动环境、设计问题和任务、预测和假设等。

构建新知类：旨在帮助学生通过探索、分析、综合和评估信息来构建对新概念或理论的理解的活动，如探究性学习、批判性思维、合作学习、反思、实地考察和翻转课堂等。

创意构思类：旨在激发学生的创造力和想象力，鼓励他们产生新颖的想法和解决方案，如头脑风暴、创意写作、即兴剧场、拼贴和思维导图等。

调研分析类：专注于收集数据、信息分析和批判性思考，以帮助学生理解复杂问题并形成有根据的结论的课堂活动，如文献研究、社会调查、市场调研和实验等。

反思与评估类：目的在于帮助学生对自己的学习过程、成果和经验进行深入思考和评价，从而促进个人成长和学习效率的提升，如学习计划制定、学习成果展示、小组汇报、现场投票和学习反思等。

手工制作类：强调动手操作和创造性思维，让学生通过制作物品来学习新技能、理解概念或表达创意，如木工、陶艺、绘画、雕刻和数字模型等。

其他……

9.2 PBL/PtBL/IDL 教学模式带来的变化

教学模式的变化，意味着教学手段的更新

学生在课堂上的参与度是高效教学的核心之一。如果学生不积极参与，教学目标就难以达成。这里有一个假设，学生的参与是教师精心计划和实施具体策略的结果。换句话说，学生参与并不是偶然的。是否可以认为每位教师都可以创造一个课堂环境，在这个环境中，学生参与变成了一种课堂常态。

基于问题的学习（PBL）、基于项目的学习（PtBL）、跨学科学习（IDL），与传统教育方式最大的区别在于教学的逆向设计。它们的起点是一个基于真实场景的问题或者项目，由一个预期成果（问题的解决方案或者手工制品）回溯学生所应掌握的知识、技能、素养。

在一次次的 PBL/PtBL/IDL 教学实践中，学习者学会了制定自己的学习目标，学会在和他人协作的过程中主动实现自己的学习目标，学会选择、学会负责，学会终身学习的能力，从而享有学习的自由。

课堂活动的作用——搭建学习脚手架

问题式学习（PBL）的核心在于支持主动学习的教学循环设计。学生首先看到假想的问题场景或真实案例，然后进入协作探究以更好地理解问题、找出学习要点，通过收集、联系、交流信息的迭代循环来解决真实问题。

项目式学习（PtBL）是建构主义情境学习的一种形式，其理论假设是学生只有在真实情境（或与专业实践接近的情境）中求知（Knowing）才能够获得对学习材料的深入理解。即求知与"做事"（Doing）是不可分割的。运用 PtBL 的目的是帮助学生摆脱填鸭式的被动接收，让他们主动投入于积极的社会交往与知识建构、表达与创新中，学会使用认知工具，通过创建有形的人工制品向他人展示自己所学。

问题探究和解决的成功，离不开脚手架的支持。PBL 中，教师和表征工具（如结构化的任务、图示、学生构建的流程图、概念图、表格等）都可作为学习过程的脚手架，帮助学生拓展能力。脚手架主要用于传达问题和助力建模、提供辅导、让学生清晰表达。随着学生能力的提高，脚手架逐渐移除。以人工制品替代学习结果是 PtBL 最为显著的特征，如何有效地把科学核心概念、科学实践和学习技术注入课堂，是 PtBL 设计的核心挑战。

在这三种课堂中，脚手架的类型相似，基本可以通用，主要根据教学目标来选择使用。

"课上一听就会，课中一做就错，课后一过就忘。"脚手架，你用了吗

出现这种现象的背后是教师对学生学习过程与高阶思维的关注及训练不够，让学生的学习滞留在浅层次的学习层面。教了不等于学了，学了不等于学会了。学习不是一种简单的传递。只有学习者自己才能学习，别人无法替代。改变学与教的关系，让学习真实而深入发生才是教学改革的关键。

在学校课程学习的情境中，为了达成素养目标，学生进行有目的有计划的全身心、全联结、全学程的学习。全身心是指学习者以"整体的人"参与到学习中，而不仅仅是认知层面的参与；全联结是指学习中建构知识与知识，知识与生活，知识与自我的联结，而非局限于碎片化知识内容的学习；全学程是学生所需经历的完整学习过程，强调从知识习得、运用到反思的整体历程。

脚手架教学是一种教学方法，它主要依靠一系列逐步增加难度的任务和指导，帮助学生逐渐掌握知识和技能，达到最终的学习目标。

9.3　课堂活动设计原则

课堂活动从本质上讲是一种任务型的教学方式，旨在引导学生在愉快地执行学习任务的过程中有效获取知识、掌握技能[21]。

明确目的性。课堂活动中一般有两个层级：第一级为机械性的模仿、记忆等；第二级为创造性活动，如各种语言交流、实践活动等。其终极目标都是培养学生的高阶能力，即成功地帮助学生实现从知识向技能和素养的转化。教师在设计这些活动时应该有计划地将不同层次的活动交替进行。

从学生的兴趣出发来设计活动。要以生动、有趣的活动形式和内容来吸引学生。最好是采用学生喜闻乐见的活动内容和形式。从内容角度来讲，人在不同的成长阶段都有不同的兴趣点，教师应该根据不同阶段学生的不同兴趣点来设计活动内容。从学习形式的选择来看，不同类型的学生也存在很大的差异。比如，现在学生非常喜欢通过多媒体和网络进行学习，以多媒体为载体的人机互动式教学游戏就成为一种广受学生欢迎的新型学习方式。

通过适当课堂活动推动学生理解并发展相应能力 [21]

避免千篇一律。为设计出多种多样的课堂活动，教师要多参考资料，包括对其他学科的课堂活动、网络游戏、综艺节目、现实生活等进行借鉴和改编，充实到课堂教学中来。

共同设计课堂活动。学生是课堂活动的主体，教师要发挥学生的主动性和创造性，与学生平等沟通。学生对于如何学习、如何开展课堂活动有很多独特的想法，教师多倾听他们的意见。

应考虑活动的适量性。活动数量不宜过多，时间不宜过长。也可多准备几个备选方案，以便随时调整。

把握好课堂活动的可操作性。课堂活动的程序不可过于复杂，所需教具要简单易得，解释语言要简洁明了。解释语言繁琐势必会加重学生的心理负担，使原本应该突出强化的教学内容因为解释活动规则的语言过多而受到干扰，从而导致无法实现教学目标。

课堂活动效果的制约因素

教学目标：注意所设计的课堂活动是否有助于课程 / 教学目标的实现，这种目标可以是教学的总目标，也可以是一个子目标。

学生人数：指完成一个活动需要的学生总人数或小组人数，教师将据此决定组织的活动形式。

学生水平：指不同年级的学生能力处在不同阶段，课堂活动也应有所区别。

学生族群的特点：数字新生代的学生都有自己的学习习惯和生活特点，在课堂活动设计中应该充分把握这些要素。

课程性质：不同地区和学校的不同课程有明显学科属性，课时总量、单位课时量和进度要求都影响着课堂活动安排的频次和内容。

教师性格和教学风格：同样的教学内容由不同的教师来讲授将会有不同的效果，教师在设计和组织课堂活动中要注重将其与自身的性格与教学风格相融合。

9.4 课堂活动设计要素

设计"安全教室"——学生们在课堂上究竟在害怕什么

我们都经历过恐惧：在家、在工作中、在与同事交谈中、在教室里，当学生问一个我们不知道如何回答的问题时……

恐惧从何而来呢？

恐惧阻碍我们走出舒适区、进入挑战区和学习区 [22]。

在课堂活动开始之初，让我们创造一个"安全教室"。在这个空间里，我们安全地讨论、表演、提问和分享，拒绝恐惧。在这里所有的想法、答案、声音和观点都被倾听和尊重。我们可能不同意某个观点或认为某个想法需要进一步完善，但可以在不羞辱他人、不挑战他人的前提下公开谈论，以便理解、看待某些想法。

教师的角色至关重要，要让班上的每个人都适应这个概念，它对每个人都是安全的，学生们需要相信，教室是他们提问、探索、发明、调查、挑战和合作的空间。当我们把恶性竞争排除在外，学生就不再拿自己的成功与他人比较，而是开始理解差异和个性的价值。

从分组开始：可能出现的问题

PBL、PtBL 和 IDL 的课堂都强调合作学习，课堂活动首先要以有效的方式进行分组。

不要小看分组，分组不当将可能引发后续的许多问题：

（1）不均匀的分组：这可能导致分组内部合作的不平衡，以及学生之间的合作效率低下。

（2）人际关系问题：可能会导致不和谐的团队氛围和合作问题。

（3）技能不匹配：有些组可能会因为成员之间的技能水平不匹配而导致合作困难。

（4）沟通问题：一些组可能会因为沟通不畅而导致合作困难。

（5）领导力分配不当：没有领导者，或者一个组有过多的"领导"，导致冲突和混乱。

（6）任务分配不公平：可能会导致不满和合作效率低下。

（7）时间管理问题：有些组可能会因为时间管理不当而导致任务无法按时完成，这可能会影响整个课堂活动的进度和效果。

> **思考：**
> 如果是你，你会如何来避免以上问题呢？
> 理工类课程与文科类课程，跨学科类课程，在分组问题上有没有什么相同或不同的问题呢？

从分组开始：巧用分组策略

小组的互动合作式学习是认知发展理论应用于教学实践的具体体现，也是课堂活动组织的基本形式。为了使课堂活动的形式更加丰富，可采取以下几种分组技巧。

（1）随机分组：根据某个原则或者用社交软件随机分组，如超星学习通和 QQ 群都有随机分组选项。

（2）游戏式分组：如通过"找部件拆字""寻找拼图""我们来报数""著名人物家族"等游戏方式分组。

（3）按座位分组：根据座位情况分组，可就近就便。有时要打破常规以增加不确定性，如可按照所处位置的相似性特征分组，如"坐在每一排最左边的学生结成一组"。

（4）教师分组：如果活动较有难度，教师就要有意识地安排分组，分组时要考虑以下因素：学生的性格特点，活泼的和内向的可以互补；学生水平高的和低的可以互助；性别比例，男女搭配更易于调节气氛；人际关系，关系亲近的学生更适合在一起。可以考虑混合分组、互助小组、同水平小组、相似技能小组、相同兴趣小组等。

（5）自愿式分组：让学生自己选择伙伴结成小组，这种方式会使学生产生极高的参与热情。

分组的下一步：破冰团建——如何赢得信任

什么是破冰？一般人认为是建立第一印象。深层次地说，破冰不仅仅只是为了让同伴认识你，而是要与对方建立联系、产生关联。

破冰，本质上不是为了展现自己，而是为了赢得信任。

我能你不能：说出自己最牛的事情。

名字串烧：你能不能记住身边的新伙伴？

纸杯塔：用各种方式搭最高的纸杯塔。

集宝大挑战：随机指定数量和内容，在指定时间内完成寻宝。

画个小手手：大家合作完成最后创意的图案。

你画我猜：一个同学根据提示画画，其他同学猜画的是什么（很花时间，但会很开心）。

萝卜蹲：每个人代表一种颜色的萝卜，轮流喊"××蹲，××蹲，××蹲完××蹲"，反应慢或喊错的人被淘汰。

找到你的角色：让每个人都有归属感

小组合作的学习方式总容易有人"摸鱼"，为了让更多的人高度参与课堂，建议分组之后根据不同学生的特征，分配不同角色，明确规定小组内每个成员的任务和职责。

以五人组为例，可以让学生在相互了解之后选出以下角色（各角色也需要参与讨论和各项工作，但是额外需要完成对应角色的职责）。

- 领导者（1人，组长，负责全面协调各种任务）
- 记录员（1人，负责记录小组讨论时的主要内容）
- 智囊（1人或多人，负责尽可能多地提出创想）
- 计时员（1人，负责控制各种时间节点，保证任务按时交付）
- 发布员（1人，负责向外陈述小组研究成果）

不同角色的学生可以在不同任务之间轮流担当。

有趣的课堂活动：让学生活起来

海报漂流
（世界咖啡）

世界咖啡馆（The World Café）是一种结构性的交流会话过程。这项活动将人群分为数个小组（桌子），并使参与讨论的个人频繁更换讨论组（桌子）并被新讨论组的"组长"介绍给其他组员。为了促进讨论的进行，讨论的环境被赋予一种咖啡厅的气氛，故名为"世界咖啡馆"或者"知识咖啡馆"。

当人们在组织内部从一个地方移动到另一个地方，或者从组织内部移动到组织外部时，他们所携带的想法和见解在这个过程中通过一次次的对话得以传递，这时学习就发生了。这些对话之间的无形联系以及由此产生的行动将有助于形成组织的共有知识并塑造其未来。

对话是人类理解世界、发现自我价值、分享知识和畅享未来的主要工具。探索重要问题的团体不断与其他类似的团体建立联系——这种模式一直发挥着重要作用。

大家拿着零食和饮料，随意聚在桌旁。很快每个人都沉浸在谈话之中，交谈的同时，大家也开始在海报上随意涂画。过了一会儿，有人对其他桌讨论的问题表示好奇。如此，每桌都选择了一个负责人待在原地不动，其他成员则可以去别的桌子看看那里有什么有趣的想法。大家开始兴奋起来，当他们来到新桌子前，开始联结思想、测试假设并在桌布上添加彼此的图表和批注。

通过咖啡馆风格的对话，我们形成了一个共享的知识库，这比房间里的任何个人或团体所掌握的知识储备都要庞大。独特的见解结合并重组成新的生活知识和创新思维模式。

世界咖啡是一种促进对话的工具，其目的清晰、操作简单且有效，能够培养对于现实问题和关键战略问题的集体洞察力。

唤醒学生：带领学生将身体运动融入课堂[22]

（1）身体运动会对学生精力产生影响，进而影响其学习能力或专注力。运动可以融入课堂，提升学生的精力，加深学生对内容的理解，激励整个班级。

（2）提升精力的活动。

有时候身体运动和上课内容没有直接联系，只是用来给沉闷的课堂气氛注入能量。

譬如根据名词，快速从一个动作变换到另一个姿势。

例如：伸展运动，手伸过头顶，弯腰触碰脚趾等。

把运动和排练结合起来，使用动作来强调教学内容的某些方面，或者建立一个模式来帮助记忆，

（3）进一步理解内容的运动。

有时候使用运动作为一种工具，加深学生对内容的理解，因为它们要求学生用身体来表示抽象或具体的内容。

例如：离开座位进行"给一得一"，随机寻找搭档交换关于主题的意见，以提供新信息；用脚投票或人形图投票，适用于选择题，移动到房间不同位置，以表明他们认为哪个答案正确；学生表演正在研究的事件，扮演不同的参与者等。

9.5　关注情感：重要的是唤醒学生

在遇到新情况时，情感会影响人类的行为

情感问题其实就是在问"你感觉如何"。如果我们的情绪在那一刻是消极的，就不太可能从事新的活动和具有挑战性的任务。

表 9-2 给出了 7 种积极和消极情感。

表 9-1　常见积极与消极情感

积极情感	消极情感
热情	无聊
兴趣	不感兴趣
享受	沮丧
满足	愤怒
活力	悲伤
骄傲	担忧和焦虑
兴奋	蒙羞和自责

唤醒学生的五个策略

可以使用五种策略来增加学生对"我对课堂学习感觉如何"做出积极反应：

（1）保持课堂节奏的平衡：课堂节奏与学生的精力水平直接相关，也是影响专注力的关键决定因素。太慢会导致学生精力下降，太快会使学生困惑和沮丧。适当的课堂节奏不仅能保持教师精力充沛，也能让学生有足够的时间处理信息。因此在管理任务、进行转换、安排课堂作业和呈现新内容时，要注意平衡课堂节奏．

（2）带领学生将身体运动融入课堂：疲倦了吗？让我们动起来吧！

（3）展现对所教授内容的专注和热情：教师可以通过自己的声音、表情和动作来表现。

（4）营造恰如其分的幽默课堂氛围：是时候展现你的幽默感了！

（5）与学生建立积极的师生关系：师生关系是确保学生在课堂上感觉良好的关键。如果学生觉得老师尊重且喜欢他们，他们就更有可能关注课堂内容。并不是老师对某位学生的想法和感受造就了他们之间的积极关系，而是老师与学生的交谈和行为方式传达了他们的尊重和接纳。教师可以建立公平而具有支持性的课堂氛围，帮助学生培养积极的同伴关系。

9.6　设计课堂活动细节

基于人类学习机制的基本原理来设计课堂活动

通过对课程设计和教学实践进行微小但有效的修改来推动整个教学效果提升。包括：

（1）精简的课堂或网络学习活动（5~10分钟）；

（2）课程中的一次性干预；

（3）对于课程设计或师生沟通上的小改进等。

下面我们从提问、框架图等角度来简要分析课堂活动细节设计，其中部分内容参见《如何设计教学细节》一书[23]。

你会提问吗：开展课堂记忆小活动

（1）一个误区：老师们认为学生应该在课外掌握了知识，课堂上的时间应该专门用来进行高级的认知活动。

（2）作为教师，我们的首要任务之一是帮助学生掌握我们所教领域的丰富知识，如果做不到这一点，就会严重阻碍学生们进行诸如思考、评价和创造等认知活动的能力。

（3）知识都是相互关联的，对知识间的关系了解得越清楚，才越能够进行批判性分析和创造性思考。

（4）提取效应：如果想从记忆中提取知识，那就得多做记忆提取练习。（不用思考太多如何去给学生做有效的提取练习，做就可以。更多的障碍不是对教学策略的设计，而是担心时间）

- 课程开场提问（几分钟）
- 下课前的提问（几分钟）
- 在线练习（网课或者混合式课程的小练习）

预先测验效应：未学就测／用，理解记忆更深刻

预测让人好奇：我猜得对不对呢

"预测活动将我们不熟悉的概念带入我们至少有一点点了解的问题中，这样就重塑了我们大脑中的知识网络。"[23]

如果必须对自己不太熟悉的问题给出预测或答案时，就不得不在大脑中搜索与其相关的一切信息，以帮助做出较合理的预测。这个搜索的过程激活了大脑中关于这一问题的已知信息，同时也让大脑做好准备。当得到答案的时候，就可以将这一新信息储存在大脑中交错关联的知识网络里，这为更丰富、联系更紧密的知识网络打下了基础。

利用课堂开始和结束前的几分钟来练习提取对促进学习有帮助，这也是进行预测的理想时间。

● 预测——信息暴露——讲解（假说其实是预测的一种形式）

● 某节课、某一单元或整个课程开始时，先让学生作简短预测

● 第一次要使用某部分内容前，让学生把对这一话题已经了解的内容写下来，或者让他们推测他们将获得什么或学到什么

● 让学生猜测问题或者项目可能的结果

多知识模块：交错教学优于单一教学

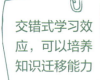

交错式学习效应，可以培养知识迁移能力

在语言学习中的经验告诉我们，有两项可以促进长期记忆的相关活动。

（1）将课程学习分散进行；

（2）将你想掌握的技能进行混合练习。

集中式学习和间隔式学习的实验结果存在明显差距。我们的大脑需要时间来对新学的内容进行编码、巩固和组织，分散的时间间隔让大脑有时间来完成这一过程。

这一原理带来的启示很明确：课堂活动中我们要多设计分散学习，也应该鼓励学生在学习中把时间分散。

传统课堂中，集中式练习对短期学习效果非常好，所以学生喜欢这种方式，比如死记硬背在考试中也能得到不错的成绩。但交错式学习意味着螺旋式上升，长期来看会有很大的效果。

对于传统教学或初级阶段，顺序学习是必要的，但对于 PBL、PtBL 或 IDL 而言，模块化与交错式学习效果显著。

利用框架图，让知识体系更连贯

把握知识间的联系：如何像专家一样学习

如果教师在教学中采用的都是机械的、死记硬背的方法，学生学到的东西就好像浩瀚无际的无知海洋中的一个个"小孤岛"，这些分散的小块知识并没有关联起来。"当他们需要独立思考时，就只会茫然地张大嘴巴看着你了。"[23]

某一领域的初学者和专家在处理新知识上是完全不同的。

专家脑海中的已知概念、事实与技能之间有更加密集的关联网络。当他们遇到专业领域的新信息或新思想时，可以立刻把它放入一个发展成熟的知识网络中，让他们可以看到新知识和众多已知信息之间的联系。

学生或许可以在特定情境下提取相应的信息，但他们缺少对知识的领悟和理解，更简单来说，是因为他们没有将知识关联。

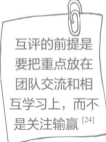
怎样帮大脑建立知识网络：将联系扩大为网络

培养学生的领悟力和迁移能力，就是要帮助他们在大脑中形成丰富的、相互关联的知识网络，这样的网络可以让我们将所学领域的已有知识与其他信息、概念和思想进行关联。

我们能够在课堂上做什么，帮助学生建立链接？

（1）提供框架。

（2）让他们自主绘制框架图：使用思维导图来整理自己大脑的关联，这样才会刺激深度学习。

（3）利用学生之间相互学习的作用：学生都是初学者，可以在思考如何建立知识孤岛之间的联系上互相帮助。

小组互评怎么做：大家一起来"找茬"

互评的前提是要把重点放在团队交流和相互学习上，而不是关注输赢[24]

图 9-3 是一种类似网络找茬游戏来解决小组为单位的合作学习活动，教师在课前收作业后分层次选取典型作业，隐去信息，制作课堂互评资料（课前教师最好也提前针对典型问题制作讲评的PPT）。

在课堂上，各组随机得到互评资料，按照图中流程，教师先引入，每个学生"单独找茬"，给出修改意见，并打分，之后"小组找茬"，对每份作业集体讨论与评价，明确修改意见并集体打分。讨论结束后教师总结，讲解课前准备的讲评PPT，之后安排时间给学生答疑与反思，多多促进小组成员互动、分析思路，最后布置下次课前的任务。

这是一种高度结构化的设计与组织控制流程，这种形式学生也会感到有趣和亲切，在活动流程上也避免了教师查找、设计错误案例等的时间消耗。

可能存在的问题：如果学生基础薄弱且自控力差，不能完成课前学习任务或者没有充分暴露学习难点，很大程度上会影响课堂小组互评的实施。

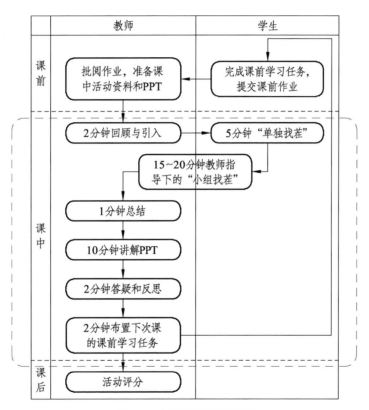

图 9-3 小组互评流程示意图

保持沟通的良好气氛：如何在课堂上"好好说话"

掌控你的课堂：和学生一起建立讲话的秩序

列出不能讲话的时段，说明原因。

要给学生足够的时间去分享；Think-Pair-Share（思考－组队－分享），Small Group Talk（小范围讨论），Gallery Walk and Talk（随机走走看看谈谈），Whole Group Discussion（全体讨论）。

用有创意的方法去阻止大家说话。

给学生缓冲的时间去结束想说的话。

告诉学生做完任务之后可以做什么。

运用奖励机制鼓励学生的正向行为。

第三篇：

实战篇

第10章　动手设计PBL课程

第6章给出了 IFMOS 五步教学创新设计方法，这一章我们将应用该方法开展 PBL 教学设计。首先我们将分析 PBL 中问题序列的设计方法，进一步针对单个特定问题详细讨论学习过程、环境与评价设计，最后以"大学物理：功与能"课程单元作为具体案例展示设计过程。

10.1　确定 PBL 课程中的"问题序列"

我们已经知道，PBL 始于问题。"问题"一方面激发了学生的学习动机，同时让学生通过应用知识解决问题来学习。具体来看"问题"具有如下功能：

第一，问题为学习赋予了意义。学生可能会觉得内容知识抽象、难以理解、无趣且无用。而问题将内容知识置于具体情境中，通过处理真实和真正的问题，学生能够将问题中涉及的抽象内容知识赋予意义。

第二，问题让学生看到理解差距。当学生遇到一个让他们意识到自己缺乏哪些知识的问题时，会激发他们学习的动力。

第三，问题为学生应用内容知识提供了工作空间，当学生亲自应用新学到的知识解决问题时，他们能够更深层次地理解知识。

显然，问题不仅激发了学习，还促进了整个 PBL 的学习过程。一般来说，由于 PBL 的学习目标是获得对于概念性知识的深层理解，而一门课程往往包含多个概念性知识，因此一门 PBL 课程往往是针对多个问题，即"问题序列"来学习的，这一节主要探讨如何设计"问题序列"。

从大概念到问题序列

由于 PBL 主要用于建立对"概念性知识"的深层理解，因此我们可以从大概念入手来设置问题序列。

我们建议，单个问题至少包含一个大概念。如图 10-1 所示，K 个大概念可以映射为 N 个问题，N 一般小于 K。因为有可能并非所有大概念都采用 PBL，也有可能多个大概念支撑一个问题。

一门 PBL 课程需要设计面向 N 个问题的学习过程，我们将这 N 个问题称为问题序列。注意，每个问题都有自己的问题空间，包含大概念以及与之相关的重要知识技能。

还特别需要关注的是这些问题间的关系，避免问题之间的割裂，导致学生无法整合知识。根本来看，问题间关系取决于大概念间的关系，下面重点讨论三种关系。

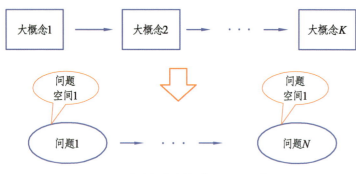

图 10-1　从大概念映射到问题序列示意图

1. 问题序列关系1：层次递进

在层次递进关系中，不同问题的逻辑顺序是从简单到复杂，其基本原理是在既有知识形成的心理模型基础上学习新知识掌握新技能，从而扩展学生认知。

应确保更复杂层次的问题建立在先前问题中出现的概念和信息的基础上，并要求运用这些先前的概念和信息。如图10-2所示，前一个的问题空间包含在后一个问题空间当中，问题空间不断扩大，相应的知识也在不断整合。

当要学习的大概念之间的结构关系是顺序或层次结构时，这种方法是一种合适的教学设计选择，可以帮助学生逻辑地连接相关的概念和信息，从而构建头脑中的知识体系。

例如，学习书法的问题序列：怎么执笔→怎么写好笔画→怎么写好部首→怎么写好简单字→怎么写好复杂字→……

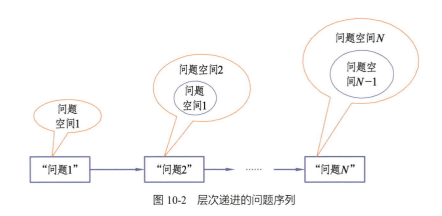

图 10-2　层次递进的问题序列

2. 问题序列关系 2：并列重叠

在某些领域，比如人文学科或政治学中，并不总是存在着层次递进关系，问题序列中的不同问题是并列关系。

因此，整门课程的目标空间里包含多个概念，且每个概念不应只出现在一个问题中。这些概念应该在多个问题中出现，因此我们称之为重叠的方法。这样，学生在每个问题中，可以将单个概念与其他概念联系起来。

如图 10-3 所示，我们可以把 M 个大概念重叠映射到 N 个问题当中，学生在每个问题中，都同时面对多个大概念来学习，就可以有效整合不同大概念。

例如，学习某门外语的问题序列：My cat → I won't hurt my little cat → A game with puss → A psalm of life；对应的大概念有词汇、语法、听力、口语、阅读、写作等。

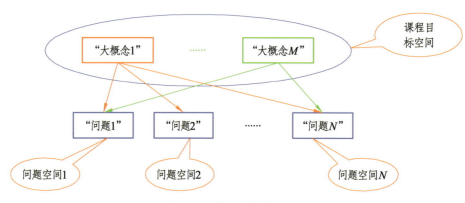

图 10-3　并列重叠的问题序列

3. 问题序列关系 3：多领域背景

研究表明，如果学习者能够在不同背景下解决问题，将扩展他们对主题的理解。变量或概念的特征或性质可能会随着背景或时间的变化而变化，只解决一种类型的问题可能会阻碍学生分析和处理复杂的真实世界问题的能力。

将同样问题放在不同领域背景中，可以帮助学生意识到概念的动态性，从而丰富他们的概念理解和技能库。例如，在结构工程领域的概念可以在设计建筑以抵御地震或飓风的情况下得到不同的应用。

如果说并列重叠的问题序列是为了帮助学生在特定领域或背景下将多个概念联系起来，那么多领域背景的问题序列能够使学生在不同背景下整合多个概念网络。如图10-4所示，大概念应用于 N 个领域背景，从而构建了不同问题空间。教例【10-1】给出了环境设计在多领域背景下对应的问题。

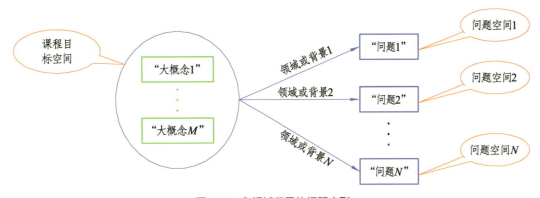

图 10-4　多领域背景的问题序列

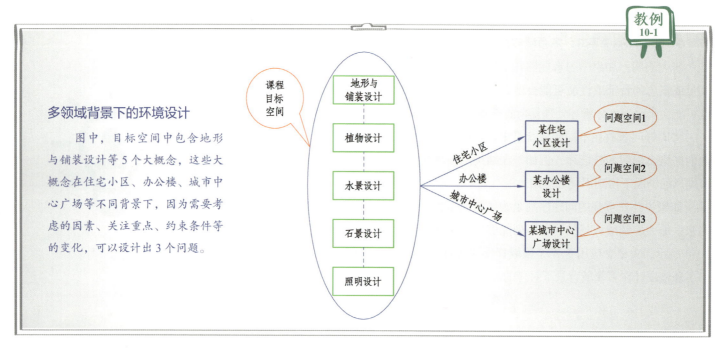

教例 10-1

多领域背景下的环境设计

图中，目标空间中包含地形与铺装设计等 5 个大概念，这些大概念在住宅小区、办公楼、城市中心广场等不同背景下，因为需要考虑的因素、关注重点、约束条件等的变化，可以设计出 3 个问题。

重新整理大概念

下面我们需要重新思考大概念，为问题序列间的关系提供支撑。这一步非常关键，因为它涉及知识的整合。

如前所述，问题之间可能包括递进、重叠、多领域等关系，我们可以如图 10-5 所示画出大概念网络图，从图中可以看到，大概念之间存在递进和重叠关系，而同样的大概念可以应用于不同领域。

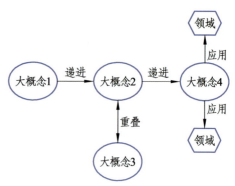

图 10-5　重新思考大概念支撑问题序列关系

设计问题序列

基于梳理之后的大概念网络图，我们可以确定问题序列，并将相关问题整理为教学模块。

如图 10-6 所示，图中包含四个大概念，其中 1、2、4 之间存在递进关系，2、3 之间存在重叠关系，4 在两个不同领域中有不同应用。据此，我们可以设计 6 个问题，其中问题 1 对应大概念 1，概念 2、3 在问题 2、3、4 中重复讨论，问题 5 和 6 为大概念 4 提供了两个不同应用领域。

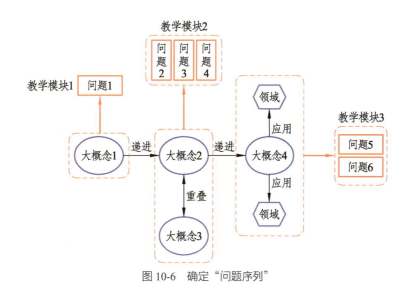

图 10-6　确定"问题序列"

10.2　面向单个问题的 PBL 教学设计

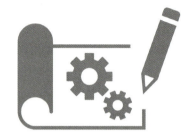

这一节我们重点讨论，针对"问题序列"中的单个问题，如何开展教学设计。

具体来看，我们建议针对单个问题，可以采用 PBL 六步学习法（3.2 节），学习过程见图 3–1。六步学习法事实上对应了 6 个学习活动，具体为：

（1）观察问题（Observing）；

（2）建立初步假设（Hypothesizing）；

（3）确定学习内容（Setting-Objective）；

（4）个人自主学习（Independent-Learning）；

（5）返场讨论（Rediscussing）；

（6）总结反思（Debriefing）。

这一节将采用【IFMOS 设计用表 S3–2：学习过程、环境与评价设计】来对教学过程中的这六个教学活动进行设计。

PBL 学习活动 -1：观察问题（Observing）

学生独立观察问题，他们会产生"困惑"，学习由此激发，形成初步思考。

学生首先需要理解问题，因此在此活动中学生主要进行独立思考。他们初步确定问题中包含的重要信息和需要解决的问题，并激活已有知识，形成对问题的初步分析。

在实际教学中，在这一步学生可能仅仅依靠既有知识和经验，并且只考虑了一些非常简单表面化的因素，得到了一个简单的解释。即便如此，这一步也是有价值的，一方面问题带来的认知困惑激发了学习，学生开始思考从而为下一步小组讨论提供信息；此外，学生激活了既有知识，开始构建心理模型为后面学习作准备。

表 10–1 是针对教学活动"观察问题"的教学设计。

表 10-1　"PBL 学习活动 -1：观察问题"教学设计

学生活动	教师教学行为	教学资源与脚手架	认知工具	评价对象与探针
● 学生进行独立思考 ● 初步确定问题中包含的重要信息和需要解决的问题 ● 激活已有知识 ● 形成对问题的初步认识	● 呈现问题 ● 引导学生思考	● 问题展示材料 ● 帮助学生理解问题的脚手架	● 软件 ● 硬件 ● 图表等	● PBL 学生用表 -1 ● 评价学生对问题理解 ● 评价学生既有知识情况 ● 评价学生构建初步假设情况

PBL 学生用表 -1：问题观察

请同学们阅读问题后，独立思考并简单记录，可以包括但不限于：

（1）问题包含的重要信息是什么？

（2）需要解决的问题是什么？

（3）目前能够想到的解决问题的假设是什么？

（4）解决问题可能会用到的知识是什么？

PBL 学习活动 -2：建立初步假设（Hypothesizing）

学生将初步思考带到小组中，并通过小组合作建立一个解释问题描述现象的暂时理论，由此在学生心智中构建一个认知结构，这个结构有助于理解新信息。

（1）确认事实。学生通过小组合作，澄清未知概念，确保每个学生对重要信息有相同的理解；进一步对问题进行定义，小组就需要解释的现象或解决的问题达成共识。

（2）头脑风暴。学生一个接一个地表达尽可能多的潜在想法、解释或假设，确保他们可以自由表达而不被老师或者学生干扰（白板、易事贴等）。

（3）分析问题。针对头脑风暴形成的想法，学生们基于既有知识，进一步开展详细阐述和批判性评估，其目标是根据与问题描述的现象或事件相关的基本原理或机制构建一个初步的理论。

注意这一步在对问题进行初始分析时，允许提出的假设是不准确的、肤浅的或完全错误的，只要它们代表学生们关于世界的观念或共同构建的观念即可。事实上，学生的误解被表达出来是很重要的，因为这已被证明能够通过与新的更准确的概念对抗来修正。

表 10–2 是针对教学活动"建立初步假设"的教学设计。

表 10-2　"PBL 学习活动 -2：建立初步假设"教学设计

学习活动（学生）	教师教学行为	教学资源与脚手架	认知工具	评价对象与探针
小组合作建立初步假设，包括： ①确认事实 ②头脑风暴 ③分析问题	●组织学生对问题初步分析 ●补充新信息 ●讲解知识 ●搭建脚手架	●可以支持初步分析的学习资料 ●引导学生构建初步假设的脚手架，如模板等	●软件 ●硬件 ●图表等	●PBL 学生用表 -2 ●评价学生认知差距

PBL 学生用表 -2：建立初步假设

（请记录小组共同确认的重要信息）

（请记录小组建立的初步假设）

PBL 学习活动 -3：确定学习内容（Setting-Objective）

教师引导学生，找到认知差距，从而确定下一阶段自主学习的学习内容。

教师可以提供更多信息；或者基于各小组的初步假设，提供适当指导。

学生努力发现自身知识与问题解决所学 KSA 之间的差距，即认知差距，并据此制定个人学习的学习目标，列出准备学习的主题和内容，这些学习主题通常由讨论中产生的问题所激发。

根据小组分工，每位成员接受寻找相关信息的责任，确保通过协作能够覆盖认知差距，支撑整个问题空间。

表 10-3 是针对教学活动"确定学习内容"的教学设计。

表 10-3 "PBL 学习活动 -3：确定学习内容"教学设计

学习活动（学生）	教师教学行为	教学资源与脚手架	认知工具	评价对象与探针
通过小组讨论，制定自主学习阶段每位成员的学习内容。	●组织小组研讨确定学习内容 ●提供必要指导	●学习主题与学习内容总清单 ●学习内容能够有效覆盖认识差距	●软件 ●硬件 ●图表等	●PBL 学生用表 -3 ●评价学生是否清晰明白自主学习内容，以及这些内容与拟解决问题间关系

PBL 学生用表 -3：确定学习内容

（记录小组每位成员拟学习的内容）

PBL 学习活动 -4：个人自主学习（Independent-Learning）

学生通过个人自主学习，探索已确定的学习内容。

在这个阶段，需要关注几个问题：

第一是学习资源。学生通常会使用各种资源：书籍、文章、电影、互联网等。这些资源可能是老师建议的，也可能是学生自己选择的，或者是两者的结合。在大多数 PBL 课程中，学生在选择自己的资源方面应承担一定责任。事实上，为学生提供一定选择权，让他们有机会根据判断自主决定学习资源，有助于培养他们对当前主题的兴趣，提升他们学习的促进自主性。此外，当学生处于 PBL 课程的早期阶段时，他们往往难以明确自己的学习领域，此时教师的支持比在后期阶段更重要。

第二是学习进程的控制。尽管已经确定了学习问题，但学生学习的深度可能截然不同，有的学生可能简单从百科上面直接摘抄，或者请 AI 帮忙。因此，一方面应指导学生做好学习规划，有学习进度表；另一方面需要埋入一些评价探针，评价学生学习进度学习效果，比如分时段完成必要练习等。

表 10-4 是针对教学活动"个人自主学习"的教学设计。

表 10-4　"PBL 学习活动 -4：个人自主学习"教学设计

学习活动（学生）	教师教学行为	教学资源与脚手架	认知工具	评价对象与探针
●学生自主学习已经确定的学习内容	●为学生提供学习资源等方面的指导 ●为学生提供评价自己学习的手段	●与学习内容相关的学习资源 ●需要学生完成的评价任务，如视频中插入的题目等	●软件工具 ●思维导图、流程图等模板 ●知识图谱	●PBL 学习用表 -4 ●评价学生学习效果与深度

PBL 学生用表 -4：自主学习

自主学习使用的主要学习资源
自主学习成果列表（学习笔记、思维导图、练习题等）
基于自主学习成果提出对初步假设的修正

PBL 学习活动 -5：返场讨论（Rediscussing）

学生在自主学习中学到的东西必须通过重新分析和解决问题来应用，因此在自主学习后，学生将回到他们的小组，继续讨论问题并重新建构对问题的理解。

自主学习后，学生重新回到小组中继续讨论，我们称之为返场讨论，它具有三个作用：

（1）用来检查学生对问题的理解程度以及是否仍存在需要解决的误解。

（2）使学生能够详细阐述所获得的知识，研究表明详细阐述有助于学生长期记忆所学的主题。

（3）遏制"打酱油"的趋势，当学生知道他们需要分享所学的内容时，会增加他们自学的主动性。

注意在这个阶段，老师的作用是促进和监控所有对问题的持续讨论，其主要作用仍然不是传授知识（尽管可以在需要时候澄清一些误解），而是通过对话来引导讨论。

我们建议，这一步可以分成三个子步骤：

（1）详细阐释。每位同学在小组内详细阐述学习成果，特别是与解决问题的关系。

（2）重构问题解决方案。小组基于分工和阐释，重新分析、解决问题。

（3）分享问题解决方案。每个小组报告小组整体研究成果，形成组间协作。

表 10–5 是针对教学活动"返场讨论"的教学设计。

表 10-5 "PBL 学习活动 -5：返场讨论"教学设计

学习活动（学生）	教师教学行为	教学资源与脚手架	认知工具	评价对象与探针
●小组研讨，基于自主学习成果重构解释或解决方案 ●组间分享，通过协作进一步完善方案	●组织小组研讨 ●组织组间分享 ●提供评价和反馈	学生进行自我评价的依据，如： ●解决方案的范例 ●解释的说明	●软件工具 ●思维导图、流程图等模板 ●知识图谱	●PBL 学生用表 -5 ●评价是否每个学生的认知差距都得到了覆盖

PBL 学生用表 -5：返场讨论

（总结解决方案要点）

PBL 学习活动 -6：总结反思（Debriefing）

学生通过反思他们学到的东西及所采用策略的有效性来结束 PBL，从而促进他们的独立性和元认知技能发展。

一般而言，有三种类型的反思：内容反思、过程反思和批判反思。内容反思涉及审视个人对内容知识的理解和概念化，过程反思专注于自我评估问题解决和学习过程，批判反思是问题解决者质疑他或她所处理的问题的预设、共同信念或常规。

通常，总结反思是在导师的指导下完成的。总结反思的形式可以多样，比如让学生绘制思维导图、撰写研究报告、拓展问题情境让学生进一步思考等。

表 10–6 是针对教学活动"总结反思"的教学设计。

表 10-6 "PBL 学习活动 -6：总结反思"教学设计

学习活动（学生）	教师教学行为	教学资源与脚手架	认知工具	评价对象与探针
● 基于用表独立进行反思 ● 在教师引导下进一步反思	● 为学生发放反思表，请他们独立思考 ● 有条件情况下 1 对 1 与学生交流 ● 或者大班带领学生逐条进行反思	● 图示化的知识网络 ● 关键知识点总结	● 软件工具 ● 思维导图、流程图等模板 ● 知识图谱	● PBL 学生用表 -6 ● 反思日志 ● 研究报告 ● 评价学生元认知能力

PBL 学生用表 -6：总结反思

（总结学到的主要知识技能）
（回顾从初步假设到最后解决方案的形成过程）
（请反思是否还有其他需要进一步考虑的因素？如果继续深入研究这个问题，下一步工作计划是什么）
（对于这次 PBL 过程，你如何评价自己的学习以及小组合作？你有什么给老师的建议吗）

10.3 PBL 教学设计案例：大学物理 "功与能" 单元

这一章我们以大学物理"功与能"单元为对象，开展 PBL 教学设计。尽管"功与能"单元不是一门完整的课程，但其内容相对独立，且前置单元的学习为围绕该内容的探究奠定了较好的知识基础，因此可以应用 IFMOS 方法开展完整的 PBL 教学设计。

图 10–7 重新画出了 IFMOS 教学创新设计五步法的流程（图 6–1），同时给出了框架设计和模块设计的子步骤。

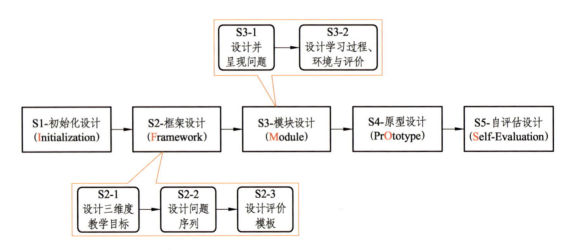

图 10-7　IFMOS 方法应用于 PBL 课程教学设计

大学物理"功与能"单元 PBL 教学设计第 1 步（S1）：初始化设计

将大学物理 I 所有教学内容分解到大概念，可以借用课程知识图谱，如图 10-8 所示。

质点质点系和刚体｜参考系和坐标系｜运动的描述｜运动学的两类基本问题｜相对运动｜质量和动量｜动量的时间变化率｜动量定理｜动量守恒定律｜角动量和动量｜角动量的时间变化率｜角动量定理｜角动量守恒定律｜动能　功　动能定理｜保守力　势能　功能原理｜机械能守恒定律｜力学相对性原理伽利略变换｜狭义相对论的基本原理及洛伦兹变换｜狭义相对论时空观｜相对论动力学基础｜相对论的意义｜电相互作用和静电场｜两条基本实验定律静电场｜电场强度｜高斯定理｜环路定理电势｜电场强度与电势的关系｜静电场中的导体｜电介质中的电场｜电容电容器｜静电场的能量｜恒定电场｜运动电荷间的相互作用｜磁感应强度　毕奥 - 萨伐尔定律及其应用｜磁场的高斯定理和安培环路定理｜磁场对运动电荷及电流的作用｜磁介质｜铁磁质｜变化中的磁场和电场｜电磁感应｜磁场能量｜位移电流｜麦克斯韦方程组的积分形式

图 10-8　大学物理 I 内容体系

表10-7为基于【IFMOS设计用表S1：初始化设计】完成的课程总体的初始化设计。

表 10-7　大学物理 I 课程初始化设计

① 教学要求 略	② 学情分析 略	③ 教学目标 　学生系统学习和掌握力学、相对论、电磁学中的基本物理知识和原理，建立较完整的物质世界图像和科学的世界观，并能在处理复杂工程问题时对相关物理现象做出定性判断和定量分析计算
④ 教学内容（大概念/大技能） 　运动的描述、动量与动量守恒定律、角动量与角动量守恒定律、机械能与机械能守恒定律、狭义相对论、电相互作用和静电场、运动电荷的相互作用和恒定磁场、变化中的磁场和电场	⑤ 教学评价 过程性、终结性笔试	⑥ 教学策略（全/部分、PBL/PtBL、单/跨学科） 单学科部分 PBL

大学物理"功与能"单元 PBL 教学设计第 2 步（S2）：框架设计

1. 核心认知目标

基于 7.3 节，我们从内容体系出发，用核心表现性任务整合大概念，进而确定核心认知目标。

图 10-9 为大学物理 I 整体的三个核心表现性任务，整合了 8 个大概念：

（1）核心表现任务 1：基于经典力学描述、分析、预测宏观低速领域中的机械运动。

（2）核心表现任务 2：基于狭义相对论，针对惯性系描述、分析、预测宏观高速领域中的机械运动。

（3）核心表现任务 3：基于空间点函数描述场，基于场量的通量和环路积分解释、预测场的基本性质。

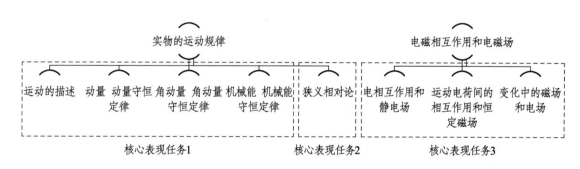

图 10-9　大学物理 I 的三个核心表现性任务

2．课程思政目标

拓展原则：点到为止、将思政内涵与专业内涵深度结合、隐性育人。如前所述，可以从六个方面下功夫，如图10-10所示。

- 重构教学内容，关键在于"内生"
- 创新育人方法，为学生构建有意义的学习经历

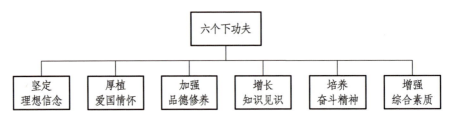

图 10-10　课程思政拓展的六个方面

3．通用能力目标

- 培养将所学原理与结论运用于新问题、新情境的能力（高级思维技巧）
- 培养恰当的学习技能、策略与习惯（获得学业成功的基本技能）
- 为迁移学习或研究生学习做准备（学科专属知识和技能）
- 培养洞悉科技作用的能力（人文价值观）
- 提高有效组织和利用时间的能力（工作与事业准备）
- 提高自尊或自信（个人发展）

基于【IFMOS 设计用表 S2-1：三维度教学目标表】完成的教学目标设计如表 10-8 所示。通用能力目标来自表 7-3 的教学目标编目（TGI），下表中括号中数字为对应的 TGI 里的编号。

表 10-8 三维度教学目标（大学物理 I）

① 核心表现性任务	③ 课程思政目标	⑤ 核心教学目标
● 基于经典力学描述、分析、预测宏观低速领域中的机械运动 ● 基于狭义相对论，针对惯性系描述、分析、预测宏观高速领域中的机械运动 ● 基于空间点函数描述场，基于场量的通量和环路积分来解释、预测场的基本性质	● 坚定理想信念 ● 厚植爱国情怀 ● 加强品德修养 ● 增长知识见识 ● 培养奋斗精神 ● 增强综合素质	● 应用经典力学、狭义相对论、经典电磁学，识别、表达、研究、分析、解释、解决包括工程问题在内的实际问题，得到合理有效结论 ● 坚定理想信念、厚植爱国情怀、加强品德修养、增长知识见识、培养奋斗精神、增强综合素质 ● 培养将所学原理与结论运用于新问题、新情境的能力 ● 培养恰当的学习技能、策略与习惯 ● 为迁移学习或研究生学习作准备 ● 培养洞悉科技作用的能力 ● 提高有效组织和利用时间的能力 ● 提高自尊或自信
	④ 通用能力目标 ● 培养将所学原理与结论运用于新问题、新情境的能力（1） ● 培养恰当的学习技能、策略与习惯（16） ● 为迁移学习或研究生学习作准备（22） ● 培养洞悉科技作用的能力（33） ● 提高有效组织和利用时间的能力（41） ● 提高自尊或自信（45）	
② 核心认知目标 应用经典力学、狭义相对论、经典电磁学、识别、表达、研究、分析、解释、解决包括工程问题在内的实际问题，得到合理有效结论		

S2-2：设计
问题序列

基于梳理之后的大概念网络图，确定问题序列，如图 10-11 所示。

在图 10-11 中，问题 1、2 之间存在重叠关系，且在两个不同领域中有不同应用。问题 3、4 之间存在递进关系，问题 5、6 为大概念提供了不同应用领域。

完成的问题序列设计如图 10-12 所示。

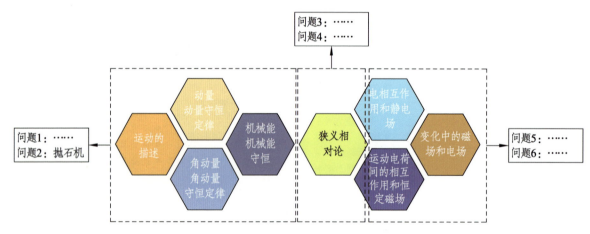

图 10-11　大学物理 I 的问题序列

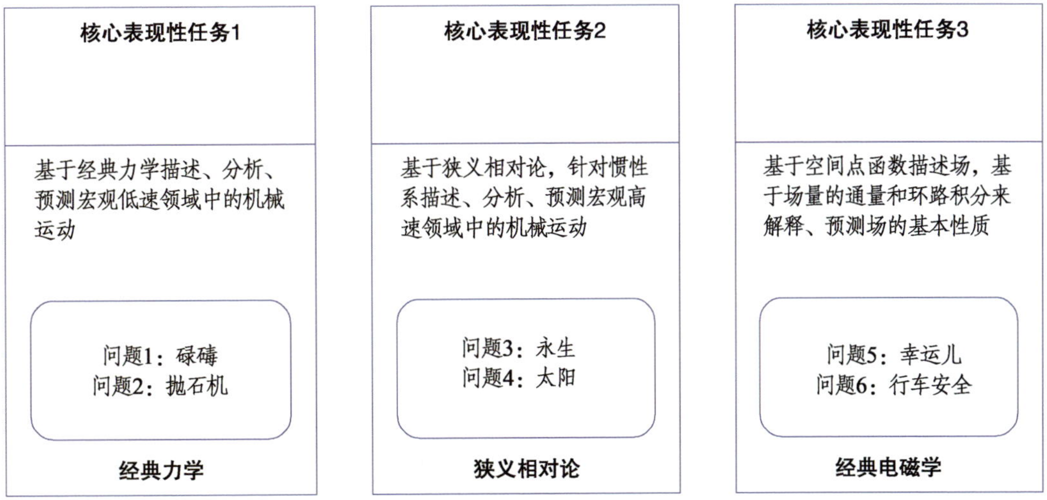

核心表现性任务1	核心表现性任务2	核心表现性任务3
基于经典力学描述、分析、预测宏观低速领域中的机械运动	基于狭义相对论，针对惯性系描述、分析、预测宏观高速领域中的机械运动	基于空间点函数描述场，基于场量的通量和环路积分来解释、预测场的基本性质
问题1：碌碡 问题2：抛石机	问题3：永生 问题4：太阳	问题5：幸运儿 问题6：行车安全
经典力学	狭义相对论	经典电磁学

图 10-12　大学物理 I 问题序列设计

表 10-9　评价模板

针对已经确定的 6 个问题，表 10-9 给出了评价模板设计。

针对每个问题，我们确定了其支撑的教学目标、评价对象，并进一步设计了评价量表作为评价探针。

问题（模块）	教学目标	评价对象	评价探针
碌碡	教学目标 1-8	研究报告、现场问答	评价量表
抛石机	教学目标 1-8	研究报告、现场问答	评价量表
永生	教学目标 1-8	研究报告、现场问答	评价量表
太阳	教学目标 1-8	研究报告、现场问答	评价量表
幸运儿	教学目标 1-8	研究报告、现场问答	评价量表
行车安全	教学目标 1-8	研究报告、现场问答	评价量表

大学物理"功与能"单元 PBL 教学设计第 3 步（S3）：模块设计

上一节我们设计了 6 个问题，每 2 个问题对应了 1 个模块。

这一节我们重点对第一个模块（P1）"经典力学"的第二个问题"抛石机"开展教学设计，具体包括：

- S3–1：设计并呈现问题
- S3–2：设计学习过程、环境与评价

S3-1：设计并呈现问题

这一步包含 7 个步骤，如图 10–13 所示，对应了【IFMOS 设计用表 S3–1】。

图 10-13　设计并呈现问题流程示意图

1. 确定模块目标空间

"功与能"单元的"问题"："抛石机"问题设计的基本目标是为了帮助学生更好地理解、应用经典力学有关机械运动"功与能"的基本概念、基本方法、基本规律。

"功与能"这一大概念在大学物理 I 对应的主要章节为"机械能　机械能守恒定律"中的机械能部分。通过 PBL 教学法进行"功与能"内容的学习，一方面可以帮助学生内化与机械能有关的核心知识，另一方面也可以引领学生结合前置知识内容体验一次对经典力学的综合应用，帮助学生实现融会贯通提升科学素养。

模块目标空间：结合表 10-8"三维度教学目标（大学物理Ⅰ）"，可将经典力学模块的教学目标具体化为：

（1）应用经典力学知识，识别、表达、研究、分析、解释、解决包括工程问题在内的实际问题，得到合理有效结论。

（2）紧扣教学内容，至少达到以下 1 个目标：坚定理想信念、厚植爱国情怀、加强品德修养、增长知识见识、培养奋斗精神、增强综合素质。

（3）培养将所学原理与结论运用于新问题、新情境的能力。

（4）培养恰当的学习技能、策略与习惯。

（5）为迁移学习或研究生学习做准备。

（6）培养洞悉科技作用的能力。

（7）提高有效组织和利用时间的能力。

（8）提高自尊或自信。

鉴于思政目标和通用能力目标较固定，本章后续内容将主要围绕核心认知目标的设计展开。

构建核心目标空间：核心目标明确后，我们继续整理出"功与能"这一大概念所涉及的重要知识技能，并构建出核心目标空间。

　　模块目标空间与核心目标空间的整理结果可以用思维导图、流程图、系统框图、知识图谱等可视化方式来表达，如图 10-14。

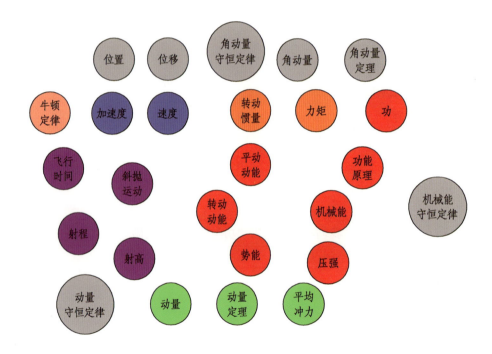

图 10-14　"经典力学"模块目标空间（所有圆圈）和"功与能"核心目标空间（红色圆圈）

2. 为问题设置真实情境

设置真实情境，外化问题的核心表现性目标，为明确问题空间作准备。

图 10-15 为针对"经典力学"中"功与能"大概念设置的真实情境，我们设定了古代攻城所用的抛石机。

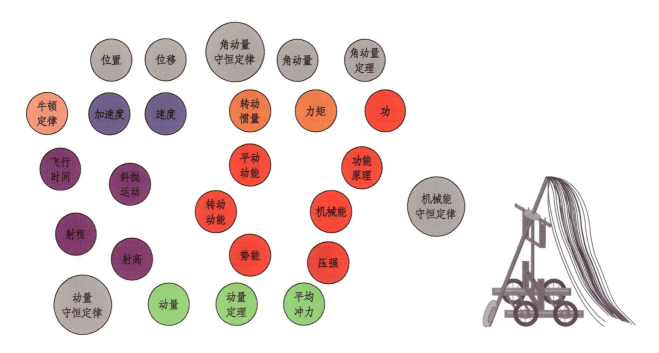

汉代人所作伪书《范蠡兵法》中描述了抛石机的威力："飞石重十二斤，为机发，行二百步。"
上述数据大概相当于现在的 3kg 和 276m。

图 10-15　为"功与能"设置真实情境

3．明确问题的知识技能能力（KSA）空间

问题空间为解决问题所需要的知识技能能力（KSA）等，如图 10-16 中所有彩色的圆圈。

结合整理出的重要知识技能和核心教学目标，明确问题空间与核心目标空间的关系。

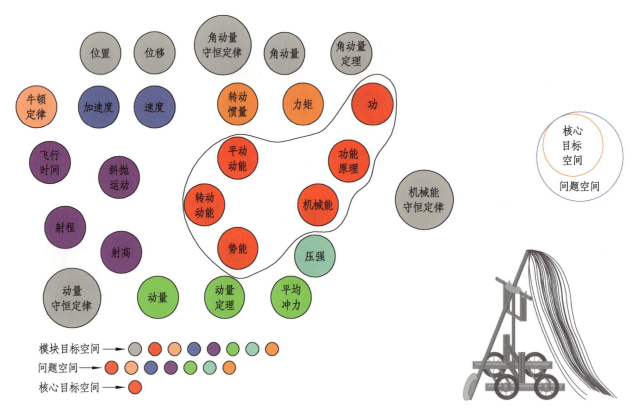

图 10-16　问题对应的 KSA 空间

4. 评估学生既有知识技能能力（KSA）

在图 10-17 中，红色实心圆为问题空间中最为关键的新知识，除红色外的实心圆为学生既有 KSA；实线为学生已经掌握的联系。

总体来看，从既有 KSA 来看，学生能够基于动量、角动量及其相关定理定律，完成与机械运动有关定量的分析，并得到合理有效结论。

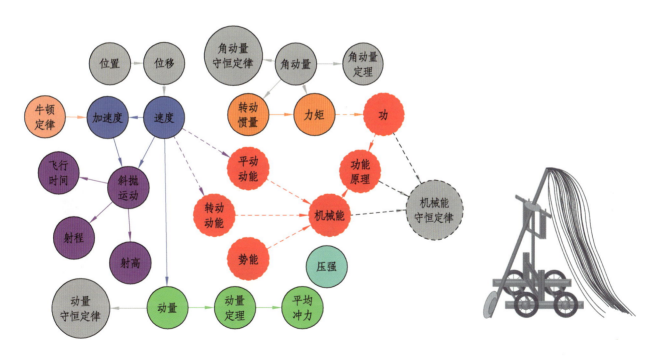

图 10-17　学生既有 KSA

5. 确定认知差距

虚线的圆和线段：学生需要学习的内容。

PBL 学习的目标：希望学生在头脑中构建起与问题空间对应的知识体系，这意味着虚线部分变为实线。

6. 确定脚手架

抛射杠杆材质、尺寸、抛石机主要结构参数、城墙尺寸、城墙抗压强度等。

7. 呈现问题任务

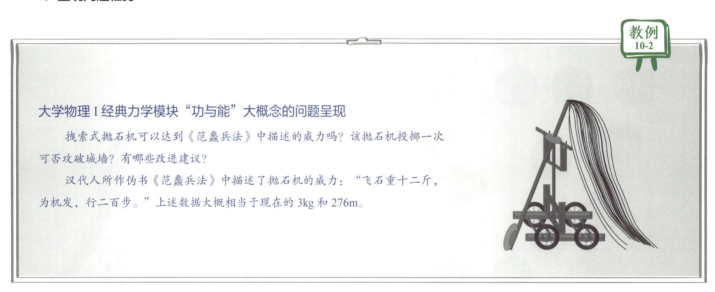

教例
10-2

大学物理 I 经典力学模块"功与能"大概念的问题呈现

　　搜索式抛石机可以达到《范蠡兵法》中描述的威力吗？该抛石机投掷一次可否攻破城墙？有哪些改进建议？

　　汉代人所作伪书《范蠡兵法》中描述了抛石机的威力："飞石重十二斤，为机发，行二百步。"上述数据大概相当于现在的 3kg 和 276m。

表10-10为基于【IFMOS设计用表S3-1】完成的经典力学模块P1的"功与能"大概念目标空间与问题呈现设计。

表 10-10　模块 P1 问题呈现设计

① 模块目标空间	② 真实情境	④ 学生既有 KSA
● 应用经典力学知识，识别、表达、研究、分析、解释、解决包括工程问题在内的实际问题，得到合理有效结论 ● 紧扣教学内容，至少达到以下2个目标：坚定理想信念、厚植爱国情怀、加强品德修养、增长知识见识、培养奋斗精神、增强综合素质 ● 培养将所学原理与结论运用于新问题、新情境的能力 ● 培养恰当的学习技能、策略与习惯 ● 为迁移学习或研究生学习做准备 ● 培养洞悉科技作用的能力 ● 提高有效组织和利用时间的能力 ● 提高自尊或自信	汉代人所作伪书《范蠡兵法》中描述了抛石机的威力："飞石重十二斤，为机发，行二百步。" 上述数据大概相当于现在的 3kg 和 276m	能够基于动量、角动量及其相关定理定律，完成与机械运动有关定量的分析，并得到合理有效结论
	③ 问题空间 ● 应用经典力学特别是功与能的知识，识别、表达、研究、分析、解释、解决"抛石机"问题，得到合理有效结论 ● 厚植爱国情怀、增长知识见识 ● 培养将所学原理与结论运用于新问题、新情境的能力 ● 培养恰当的学习技能、策略与习惯 ● 为迁移学习或研究生学习做准备 ● 培养洞悉科技作用的能力 ● 提高有效组织和利用时间的能力 ● 提高自尊或自信	⑤ 认知差距（需要学生自主习得的 KSA） 能够基于平动动能、转动动能、势能、机械能、功及其相关定理定律，完成与机械运动能量转换有关定量的分析，并得到合理有效结论
		⑥ 需要提供指导或者脚手架的知识技能 抛射杠杆材质、尺寸、抛石机主要结构参数、城墙尺寸、城墙抗压强度等

⑦ 问题呈现
拽索式抛石机可以达到《范蠡兵法》中描述的威力吗？该抛石机投掷一次可否攻破城墙？改进建议

S3-2：（模块）P1 的学习过程、环境与评价设计

图 10-18 为基于【IFMOS 设计用表 S3-1】完成的经典力学模块 P1 的"功与能"大概念学习过程、环境与评价设计。

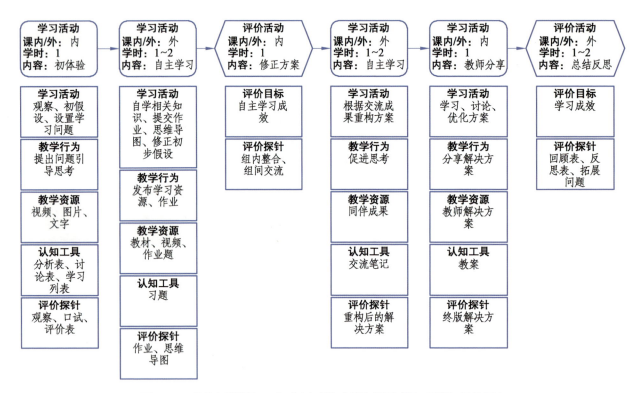

图 10-18　经典力学模块 P1 的"功与能"大概念学习过程、环境与评价设计

大学物理"功与能"单元PBL教学设计第4步（S4）：原型设计

表6-3给出了原型设计清单，除此之外还可以根据需要，准备相关材料，如教例【10-3】教例【10-4】。

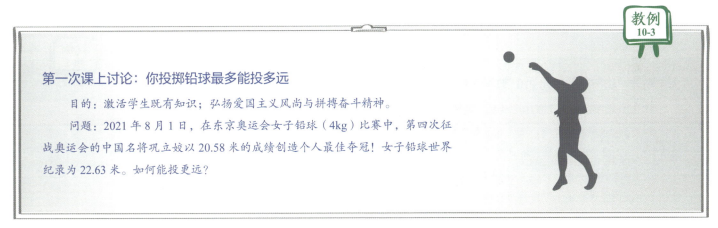

教例 10-3

第一次课上讨论：你投掷铅球最多能投多远

目的：激活学生既有知识；弘扬爱国主义风尚与拼搏奋斗精神。

问题：2021年8月1日，在东京奥运会女子铅球（4kg）比赛中，第四次征战奥运会的中国名将巩立姣以20.58米的成绩创造个人最佳夺冠！女子铅球世界纪录为22.63米。如何能投更远？

教例 10-4

抛石机工作原理说明

目的：帮助学生更好理解问题；使学生深刻理解中国传统文化的内涵和价值。

材料：现存资料表明，自先秦至北宋，中国使用的都是"拽索式"抛石机，如图示。这种抛石机的主体大多是一副炮架和梢杆（即杠杆），梢杆上端挂着几条甚至几百条绳索，下端是装石弹的"皮窝"。施放时，炮手们一起拉拽绳索，将皮窝里的石弹抛射出去。

大学物理"功与能"单元 PBL 教学设计第 5 步（S5）：自评估设计

在这一步，除了可以基于【IFMOS 设计用表 –5：自评估设计】开展评估外，也可以挖掘课程自身的创新特色，如教例【10–5】所示。

大学物理"功与能"单元 PBL 教学创新如何体现

将 PBL 教学法应用于理工科传统"硬课"大学物理的教学，促进学生进行深层次学习。不仅有效达成了传统的核心认知教学目标，还达成了思政育人目标、通用能力育人目标和跨学科素质提升目标。课程教学具有鲜明的高阶性、创新性、挑战度。

基于润物细无声的方式，更强调了思政育人。选用我国古代重型兵器抛石机在实战中的行为作为研究对象，基于我国古代典籍《范蠡兵法》进行定量分析，使学生深刻理解中国传统文化的内涵和价值，厚植学生的爱国主义情怀。

第11章　动手设计PtBL课程：以"从代码到实物：造你所想"为例

"从代码到实物：造你所想"是一门源自创客社区的课程，目前课程既开设有 30 人的 PtBL 小教学班，也开设有 100 人以上的大 PtBL 教学班，IFMOS 方法对课程适应能力建设提供了重要的支撑，尤其是帮助课程团队应对大班 PtBL 的各项挑战。这一章我们将结合该课程案例，展示 IFMOS 方法如何应用于 PtBL 课程设计。

11.1　课程源自创客教育

接下来，我们要进行分析和设计实战的课程是一门源自创客社区的课程，它涉及大量的创客们常用的工具、技术，也涉及创客社群的一些文化，是一门典型的创客教育课程。

什么是创客

中文的"创客"一词源自对英文 Maker 一词。"创客"一词因《创客：新工业革命》中文版的发行而广泛传播，最终成为一种比较固定的翻译方法。

这里"创"字，英文单词为 Making，指造物。创客的英文单词是 Maker，字面理解就是造物的人。Dale Dougherty 在创办 Make：杂志时，使用 Maker 一词来称呼黑客（积极意义的那一类）、手工艺人、修理匠人，朋克、等五花八门的 DIY 爱好者[25]。他认为所有这些个体都有一个特点，那就是本着"自造者"（DIYer）的思想来改造世界，并隐含着让世界更美好的意味。

随着 Make：杂志、Makerfaire 活动，以及风靡世界的 Arduino 控制器、RepRap 开源 3D 打印机等书籍、活动和技术的广泛传播、参与与使用，创客逐渐形成一种造物、创造和创新的文化，在全球流行起来。

创客教育与课程"从代码到实物：造你所想"

创客文化在教育界产生了较大作用，为 STEAM 教育、工程教育、信息技术教育、机器人教育等方面带来新形式和新内容。创客教育可以分为两种，一种是专门介绍和讲授创客技术和文化的专门创客教育，另一种是使用创客的技术和文化来对现有的一些教育形式和内容进行改良，从而具有创客特点的教育。

第一种的典型是麻省理工学院的"How to make almost anything"，以及西南交通大学的"从代码到实物：造你所想"。

第二种的典型是 STEAM 教育、新工科教育、信息技术教育。在 STEAM 教育的推行中，创客教育成为其一种重要的承载形式。

在新工科教育中，麻省理工学院的新工程教育变革（New Engineering Education Transformation，简称 NEET）计划提出四项基本原则，其中第二个原则提到学生应该准备好成为创客和发现者。

为什么创客教育能和 STEAM、工科教育融合起来，形成新的实践模式呢？关键原因是创客教育能教会造物的技术，培养造物的能力，并依托这些造物活动来培养改善世界的 DIY 精神，这就是创客教育的内涵。

　　"从代码到实物：造你所想"最初是较为专门地介绍创客文化，讲授创客技术的第一种性质的创客教育课程，后来在纳入各专业培养方案时，也考虑了如何更好地支持计算机教育和人工智能教育，并进行了教学内容的调整，此时又具有第二种性质了。

11.2　"从代码到实物：造你所想"课程发展历程

"从零到一"的课程发展历程

　　"从代码到实物：造你所想"是一门致力于培养"从零到一"制作创新产品原型能力的跨学科课程，被教育部首批认定为国家一流本科课程。

　　现代复杂工程问题往往意味着要综合利用多学科技术来进行创新，而开发创新解决方案的技术原型，则是工程创新能力的重要组成部分。

　　如何帮助学生（尤其是工科生）掌握利用数字化技术来实现"从零到一"制作创新产品原型的能力呢？在经年累月的创客式科创活动的指导过程中，我们开始思考这一问题，并于2015年西南交通大学青年教师教学能力提升研修班上提出了这一课程的构想。

　　2015年秋季课程立项建设，2016年春季正式开课（2015—2016第二学期）。经过两年多的探索后，2018年课程基于迭代的思想，进行了全面重构工作。

　　2020年，在保持原有通识课性质不变的前提下，课程以一门多元化限选课的属性纳入计算机专业培养计划。同年，课程被教育部认定为社会实践类国家一流本科课程。

　　2021年，课程线上开放资源建成。2023年，课程纳入人工智能专业培养方案，成为人工智能专业学生必修的专业基础课程。目前课程既开设有30人的PtBL小教学班，也开设有100人以上的大PtBL教学班，课程设定为2个学分，共32个课内学时。IFMOS方法对课程当前的适应能力建设提供了重要的支撑。

融入 IFMOS
方法的课程
重构

课程经历了一个"消化—吸收—再创新"的过程。最早版本的课程结构和内容源自麻省理工学院媒体实验室比特与原子中心的"How to make almost anything"课程。

在经过两个学期的教学后，课程团队即发现存在较大的不适应问题。一方面国内高校的学生总体上学分较多，学生并没有如此多的课余时间在课后反复打磨技术和作业。另一方面麻省理工学院课程大量使用美国较为方便的工具，一些软件和资料并不适合国内的使用。

针对这些问题，团队在 IFMOS 相关方法的指导下，进行了全面的重构，经过 2018、2020、2023 三次较大的版本，基本实现了适合国内学生的迭代式教学过程，开源或者国产的自主可控教学技术平台，适合大班教学的项目任务设计，覆盖课程完整内容的线上知识库（网址：https://gitee.com/bloomlj/makerschool），自建了一批教学视频。最终实现了在 120 人的大班开设 PtBL 教学。

本课程在建设过程中，教学团队进行了大量的思考，一些思考的沉淀成果最终融入了 IFMOS 方法。当下，在这一方法的指导下，课程正在进行新一轮的改革中。

11.3 基于 IFMOS 方法完成 PtBL 课程教学设计

图 11-1 重新画出了在 PtBL 课程中 IFMOS 教学创新设计五步法的流程（图 6-1），同时给出了框架设计和模块设计的子步骤。

IFMOS 方法描述详见 6.2 节，这一章将基于 IFMOS 设计方法，以"从代码到实物：造你所想"课程为例，带领您思考如何一步一步构建一门 PtBL 课程。

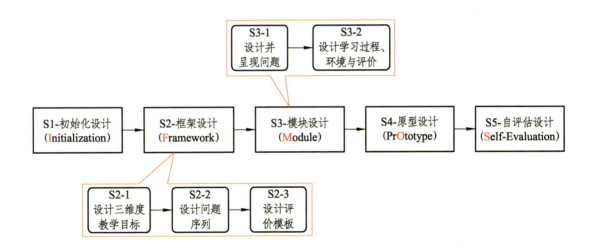

图 11-1 IFMOS 方法应用于 PtBL 课程教学设计

"从代码到实物：造你所想" PtBL 教学设计第 1 步（S1）：初始化设计

1. 教学要求与前期基础

"从代码到实物：造你所想"是一门人工智能专业学生的必修课程，我们收集了相关材料，包括培养方案、专业毕业要求、课程大纲、质量标准等，如图 11-2 所示。

课程前期基础：

（1）课程团队具有多年创客空间的建设和运行经验。

（2）企业爱好者和学生爱好者组成了本地创客社群，可为课程提供支持。

（3）部分创客爱好者创办了真实运作的企业。

（4）课程团队具有中美青年创客大赛等 Hackathon 比赛的主办经验。

1.西南交通大学本科人才培养方案修订指导意见1116.pdf

2023人工智能专业-培养方案.pdf

SCAI005515-2023级从代码到实物：造你所想大纲及质量标准V1-人工智能必修.docx

图 11-2　课程相关教学材料

2. 学情分析

（1）学生学习兴趣习惯。

- 熟悉数字化、生长于互联网之下、擅长使用移动平台
- 比较认同"躺平"状态
- 擅长考试，经历过内卷
- 不擅长制定长期规划，对自我的认知正处于建立过程中

（2）对课程看法、期待。

• 学生已从师兄师姐，以及互联网等多种平台得知本课程作业比较多，可能需要花费较多课余时间，有一定的心理准备

• 学生期待锻炼动手能力和编程能力

（3）学生既有知识技能基础。

• 学生经过义务教育和高中阶段的学习，具备基本的物理知识和英语阅读能力

• 学生在既有生活中，学会了熟练地操作计算机

（4）未来的行业职业特点。

• 需要有较强的学习能力

• 具有跨学科视野

3. **教学目标**

（1）能使用计算机编程、计算机辅助设计、计算机辅助制造、计算机数控、人机交互等领域的入门技术，设计产品，并进行初步原型的制作。

（2）能综合考虑社会、健康、安全、法律及文化影响等因素进行产品设计。在从零到一的创新尝试中，思考计算、设计、创新与社会的关系。

（3）能在学习过程中，组建团队，使用工具软件进行合作设计和团队管理。

（4）能基于设计思维，结合计算思维和创客精神，在项目迭代中快速学习相关技术。

4. **教学内容（大概念 / 大技能）**

图 11-3 中，左边的三个实线框中 1~10 为梳理出的课程涉及的大概念和大技能，构成了课程的主要教学内容。最右边的虚线框中，为延伸到课外的内容。

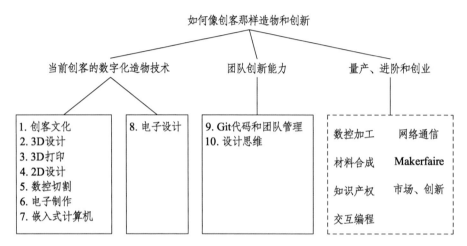

图 11-3　梳理课程教学内容（大概念／大技能）

5．教学评价

表 11–1 中给出了课程"从代码到实物：造你所想"教学评价量表。四个课程教学目标，分别对应了一定评价比例。评价对象主要包括平时作业、综合项目与创新项目，分别占比 15%、25% 和 60%。

6．教学模式

6.1 节中我们给出了教学模式的三个维度：时间跨度、学习模式、学科领域。本课程教学模式初步设计详见表 11–2。

从时间跨度看，本课程为全实践类课程，因此在整门课程中都采用 PBL/PtBL/IDL。

从学习模式上，尽管课程中也涉及一些概念性知识，但总体来看是以"程序性知识"学习为主，即提升学生的"造物"能力，因而主体采用 PtBL。

本课程内容涉及电子信息、机械、设计等多个学科，因而可以看作跨学科课程。但另一方面，课程具有比较明确的内容体系。

表 11-1　课程教学评价量表

序号	课程目标（支撑毕业要求指标点）	评价依据及成绩比例（%）			成绩比例（%）
		平时作业	综合项目	创新项目	
1	能使用计算机编程、计算机辅助设计、计算机辅助制造、计算机数控、人机交互等领域的入门技术，设计产品，并进行初步原型的制作。（2.3 能够通过查阅和分析文献，为复杂智能系统及工程的问题求解寻找方案，并认识到所求解的问题具有多种可能的解决途径。）	0	10	10	20
2	能综合考虑社会、健康、安全、法律及文化影响等因素进行产品设计。（6.2 能识别、分析、评价特定需求的复杂智能系统在设计和实现中对社会、健康、安全、法律以及文化的影响，并明确自己应承担的责任。）	0	0	30	30
3	能在学习过程中，组建团队，使用工具软件进行基于信息技术平台的合作设计和团队管理。（9.2 具有一定的组织管理能力，能够在多学科背景团队中，作为团队个体或负责人完成所承担的任务。）	5	5	10	20
4	能基于设计思维，结合计算思维和创客精神，在项目迭代中快速学习相关技术。（12.2 具备自主学习新技术和新方法的能力，能够通过学习不断提高、适应信息技术和职业的发展。）	10	10	10	30
合计		15	25	60	100

表 11-2　"从代码到实物：造你所想"教学模式初步设计

维度	类别
维度 1：时间跨度	全课程
维度 2：学习模式	PtBL
维度 3：学科领域	跨学科，但具有较为明确内容体系

"从代码到实物：造你所想" PtBL 教学设计第 2 步（S2）：框架设计

S2-1：设计三维度教学目标

1. 基于专家实践确定核心表现性任务

确定核心表现性任务是教学目标设计的第一步，图 7-3 给出了两种确定核心表现性任务的途径。

对于单一学科课程，建议从内容知识体系出发设计核心认知目标，具体方法流程详见 7.3 节。

对于跨学科课程，则建议从专家实践出发设计核心认知目标，详细方法流程详见 7.4 节。

"从代码到实物：造你所想"这门课程，尽管经过多年建设之后已经有了较为明确的知识内容体系，但在一开始设计课程的时候，课程应该包含的大概念 / 大技能却并不清晰。

因此，在这门课程设计之初，从专家实践出发首先确定核心表现性任务，显然更为可行，详见教例【11-1】。

"从代码到实物：造你所想"课程的专家实践与核心表现性任务

课程建设背景：这门课程的萌芽产生于学校的创客空间，因此明显带有"创客"的思想。

专家实践：打破使用者和制作者的藩篱，将想要制造的愿望作为项目的出发点。拥有扎实的原型设计技巧，在创意新鲜之际，将新鲜感与期待感一起外化成"成品"。

核心表现性任务：像创客一样，创造一个创新产品的雏形。

2. 确定核心认知目标并拓展维度

基于核心表现性任务，我们提炼出核心认知目标，进一步扩展课程思政和通用能力两个维度，最终形成的核心教学目标如表11-3所示。

通用能力目标来自表7-3的教学目标编目（TGI），下表中括号中数字为TGI里对应的编号。

表 11-3　"从代码到实物：造你所想"三维度教学目标

① 核心表现性任务 像创客一样，创造一个创新产品的雏形	③ 课程思政目标 ● 理解以人为本的思想 ● 理解可持续发展的思想 ● 理解用科技创新来创造更美好生活的愿景	⑤ 核心教学目标 ● 使用数字设备创造实物的能力 ● 参与创客创新社群的能力 ● 考虑用户需求来进行产品设计的能力 ● 理解以人为本的思想 ● 理解可持续发展的思想 ● 理解用科技创新创造更美好生活愿景 ● 培养恰当的学习技能、策略与习惯 ● 培养对学习的终身爱好 ● 提高自尊或自信 ● 提高有效组织和利用时间的能力
② 核心认知目标 ● 使用数字设备创造实物的能力 ● 参与创客创新社群的能力 ● 考虑用户需求来进行产品设计的能力	④ 通用能力目标 ● 培养恰当的学习技能、策略与习惯（16） ● 培养对学习的终身爱好（30） ● 提高自尊或自信（37） ● 提高有效组织和利用时间的能力（41）	

基于核心性表现任务和梳理出来的大概念 / 大技能，这一步我们来确定项目迭代，即如何设计一系列相互关联的项目，学生通过完成项目任务快速应用并迭代所学知识技能。

这里我们考虑单个核心表现性任务，即"像创客一样，创造一个创新产品的雏形"，对应三个项目，即图 11-4 中 P1、P2、P3。10 个大概念 / 大技能也分别由此三个项目整合。

图 11-4　项目迭代

针对已经确定的 3 个项目，表 11-4 给出了评价模板设计。

针对每个项目，我们确定了其支撑的教学目标、评价对象，并进一步设计了评价量表作为评价探针。

表 11-4　评价模板示例

项目（模块）	教学目标	评价对象	评价探针
P1	目标1：使用数字设备创造实物的能力 目标2：参与创客创新社群的能力 目标6：理解用科技创新创造更美好生活愿景 目标7：培养恰当的学习技能、策略与习惯 目标8：培养对学习的终身爱好 目标9：提高自尊或自信 目标10：提高有效组织和利用时间的能力	实物手工制品、展示视频	评价量表
P2	目标1：使用数字设备创造实物的能力 目标6：理解用科技创新创造更美好生活愿景 目标7：培养恰当的学习技能、策略与习惯 目标9：提高自尊或自信	实物手工制品、展示视频	评价量表
P3	目标3：考虑用户需求来进行产品设计的能力 目标4：理解以人为本的思想 目标5：理解可持续发展的思想 目标6：理解用科技创新创造更美好生活愿景 目标10：提高有效组织和利用时间的能力	实物手工制品、展示视频	评价量表

"从代码到实物：造你所想" PtBL 教学设计第 3 步（S3）：模块设计

上一节我们设计了三个项目，每个项目对应了一个模块。

这一节我们对每个模块开展教学设计。具体的模块设计包括：

（1）S3-1：设计并呈现项目。

（2）S3-2：设计学习过程、学习环境与学习评价设计。

S3-1：设计
并呈现项目

这一步包含 7 个步骤，如图 11-5 所示，对应了【IFMOS 设计用表 S3-1】。

图 11-5　设计并呈现项目流程示意图

1. 项目 P1 的任务呈现设计

（1）确定模块目标空间。

我们把上一步设计的评价模板中项目 P1 对应的目标提取出来，即模块的目标空间：

目标 1：使用数字设备创造实物的能力

目标 2：参与创客创新社群的能力

目标 6：理解用科技创新创造更美好生活愿景

目标 7：培养恰当的学习技能、策略与习惯

目标 8：培养对学习的终身爱好

目标 9：提高自尊或自信

目标 10：提高有效组织和利用时间的能力

（2）为项目设置真实情境。

在问题或任务中提供情境信息，有助于引导学生考虑专业特定的约束或主要关注点，并建立他们的情境知识。

针对"从代码到实物：造你所想"课程，设置的真实场景是：我是一个 Maker，在业余时间，我 DIY 了一个……

（3）明确项目的知识技能能力（KSA）空间。

项目的 KSA 空间是完成项目任务所必须的知识技能能力，因此需要仔细分析任务的情境和要求。

P1 的任务要求如教例【11-2】所示。

教例
11-2

"从代码到实物：造你所想"模块 P1 的任务要求

　　任务描述：制作一个融合 3D 设计与打印、2D 设计与切割、嵌入式编程等技术的实物作品。作品内容根据兴趣自拟。

　　任务要求：

　　① 允许的嵌入式平台：ESP32C3、ESP32S3 等 ESP32 系列开发板。Arduino UNO、NANO 等 Arduino AVR 开发板。

　　② 结构部分至少使用 3D 打印或者激光切割一种。

　　③ 必须是一个可以演示的实物装置。

图 11-6 梳理了完成项目 P1 所需要的知识技能，即 P1 的 KSA 空间。注意创客文化尽管不是制作实物作品所需要的直接技能，却是在真实情境（"我是一个 Maker，在业余时间，我 DIY 了一个……"）中工作所必须的。

1. 创客文化	2. 3D设计	3. 3D打印	4. 2D设计
·1-1 创客发展历史 ·1-2 创客的造物本质 ·1-3 从石器时代开始的创客 ·1-4 创客的流派 ·1-5 中国创客 ·1-6 重要线上社群 ·1-7 重要活动 ·1-8 交大创客	·2-1 3D设计的软件 2-2 3D设计软件的操作风格 ·2-3 Fusion 360 2-4 SolidWorks 2-5 Catia 2-6 SolveSpace 2-7 OpenScad	3-1 3D打印机的发展史 3-2 3D打印机的行业现状 ·3-3 3D打印机的操作流程 ·3-4 3D打印数据处理流程 3-5 切片 3-6 Gcode 3-7 三角面模型 ·3-8 Fusion 360 导出三角面模型 3-9 SolveSpace 导出三角面模型 3-10 3D打印模型分享社区 3-11 3D打印服务平台	·4-1 矢量图与像素图 4-2 2D设计软件 ·4-3 Fusion360 2D设计 4-4 SolveSpace 2D设计 4-5 Inscape 2D设计 4-6 常见2D文件格式、 ·4-7 Fusion360导出DXF格式 ·4-8 SolveSpace导出DXF格式

5. 数控切割	6. 电子制作	7. 嵌入式计算机	7. 嵌入式计算机-续
·5-1 激光切割 5-2 铣床切割 5-3 水刀切割 5-4 线切割 5-5 等离子切割 ·5-6 激光切割的数据处理流程 ·5-7 激光切割机的操作 ·5-8 激光切割机安全 5-9 激光切割数据处理软件	·6-1 电子焊接的技术 ·6-2 常用电子元器件 6-3 自动化电子制造的过程 6-4 欧姆定律	·7-1 嵌入式计算机的概念 7-2 嵌入式计算机的类别 7-3 单片机 7-4 单板机 7-5 工控机 7-6 PLC 7-7 计算机架构 ·7-8 指令集 7-9 X86指令集 7-10 ARM指令集 7-11 RiscV指令集 7-12 龙芯指令集	·7-10 Arduino IDE √7-11 C语言 ·7-12 ESP32开发板 ·7-13 GPIO 7-14 串口 ·7-15 数字输出 ·7-16 数字输入 ·7-17 模拟输出 ·7-18 模拟输入 ·7-19 WIFI ·7-20 舵机 7-21 OLED屏幕 7-22 直流电机驱动

图 11-6　P1 的 KSA 空间

（4）评估学生既有知识技能能力（KSA）。

我们需要基于学生既有知识来进行教学，因此正确评估学生既有 KSA 非常重要。

可以在课程开始前与学生进行访谈，或者使用问卷的方式来进行调研。

访谈和调研的内容可以基于目标空间中的重要知识和技能展开，通过逐项确认，了解学生既有知识技能情况。

"从代码到实物：造你所想"是一门一年级的项目式实践课程，因此大多数学生具有的既有 KSA 在图 11-6 中用"√"符号标出。

（5）确定认知差距。

正如第 6 章所述，所谓认知差距，就是学生通过项目式学习，完成项目任务所需要的最为关键的新知识技能。因此，认知差距是项目式学习真正发生的地方，因此学生可能需要反复练习确保真正习得认知差距所设计的知识技能，同时它也应该是学习评价的重点。

从图 11-6 来看，尽管项目 KSA 空间所包含的知识技能很多，但它们的重要性、内容特点等是不同的，同时我们的课程也受到时间、条件等的限制，因此只能选择最重要的、最适合在项目中进行深层次学习的知识技能作为认知差距，图中用"·"符号标记的知识技能即为课程的认知差距。

（6）确定脚手架。

对于 PtBL 来说，这种认知差距往往不仅仅是概念性知识，而是包含大量的，甚至主要是程序性知识。这类知识的特点是需要完整的一次成功经验。

如何实现这种成功呢？这就需要设计一个脚手架，使学生可以通过这个脚手架爬上去，攀越认知差距，同时获得信心。

在第 4 章中，我们谈到，脚手架将新技能的学习置于更复杂的任务之中，学生借助脚手架，能够完成真实世界中的或者专家级的复杂任务。

在课程的 P1 项目中，我们为学生提供的脚手架是：一个来自创客社区的参考项目，由学生自己在社群中寻找，并按照团队的兴趣来选择。但是这个项目必须符合 P1 的要求，或者自行改造为符合要求。

（7）呈现项目任务。

对于 PtBL，建议在呈现项目时，突出这些要点：

① 任务的真实情境；

② 明确提交的内容；

③ 根据认知差距提出要求；

④ 与项目相关的详细信息。

另外，还有两点需要考虑：

① 学生的实际可投入时间和资源；

② 教师的实际可投入时间和资源。

教例【11-3】呈现了"从代码到实物：造你所想"项目 P1。

呈现"从代码到实物：造你所想"项目 P1

● P1（2024 版本）创客项目任务

制作一个融合 3D 设计与打印、2D 设计与切割、嵌入式编程等技术的实物作品。作品内容根据兴趣自拟。

●截止时间

第 8 周，随堂展示作品。

●提供的耗材：

① esp32C3 一块

② 社会实践基地的常用耗材

③ 其他耗材需要小组自购。

●要求：

① 允许的嵌入式平台：ESP32C3、ESP32S3 等 ESP32 系列开发板。Arduino UNO、NANO 等 Arduino AVR 开发板。

② 结构部分至少使用 3D 打印或者激光切割一种。

③ 必须是一个可以演示的实物装置。

● 实践基地

工训中心、地火实验室、利兹计算机实验室。

参考学习资料：

https://gitee.com/bloomlj/makerschool

附：

● 实践基地信息：

代码到实物实践基地、设备列表以及开放时段（一份在线文档，并在此处列出在线文档的地址）

表 11-5 为基于【IFMOS 设计用表 S3-1】完成的项目 P2 的模块目标空间与项目呈现设计。

表 11-5　项目 P1 的模块目标空间与任务呈现设计

① 模块目标空间 目标 1：使用数字设备创造实物的能力 目标 2：参与创客创新社群的能力 目标 6：理解用科技创新创造更美好生活愿景 目标 7：培养恰当的学习技能、策略与习惯 目标 8：培养对学习的终身爱好 目标 9：提高自尊或自信 目标 10：提高有效组织和利用时间的能力	② 真实情境 我是一个 Maker，在业余时间，我 DIY 了一个……	④ 学生既有 KSA 图 11-6 中用 "√" 符号标记内容
		⑤ 认知差距（需要学生自主习得的 KSA） 图 11-6 中用 "·" 符号标记内容。
	③ 问题 / 任务空间 图 11-6 的全部 KSA	⑥ 需要提供指导或者脚手架的知识技能 嵌入式编译、二进制文件、传输、启动
⑦ 项目任务呈现 制作一个融合 3D 设计与打印、2D 设计与切割、嵌入式编程等技术的实物作品。作品内容根据兴趣自拟。		

S3-2: 项目（模块）P1 的学习过程、环境与评价设计

图 11-7 为基于【IFMOS 设计用表 S3-1】完成的项目 P1 学习过程、学习环境与学习评价设计。

总体来看，项目 P1 共包含 6 个学习活动，前 5 个学习活动分别对应了 1~2 个大概念 / 大技能的学习，最后 1 个学习活动则对 7 个大概念 / 大技能进行整合，实现知识技能学习的快速迭代。

对应于每个学习活动，我们从学习资源、脚手架、认知工具、教学评价等方面进行了设计。

211

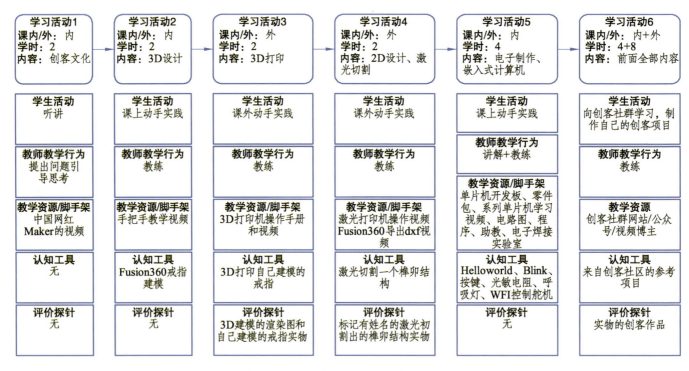

图 11-7　项目 P1 学习过程、环境与评价设计

2. 项目 P2 的任务呈现设计

表 11-6 为基于【IFMOS 设计用表 S3-1】完成的项目 P2 的模块目标空间与项目呈现设计。

表 11-6　项目 P2 的模块目标空间与任务呈现设计

① 模块目标空间 目标 1：使用数字设备创造实物的能力 目标 6：理解用科技创新创造更美好生活愿景 目标 7：培养恰当的学习技能、策略与习惯 目标 9：提高自尊或自信	② 真实情境 我已经 DIY 了一个创客作品，但是它不太稳定，电路连接不稳，难以调试。代码和文档都分散在小组成员内部，缺乏整理，难以分享。	④ 学生既有 KSA 图 11-8 中用"√"符号标记内容
		⑤ 认知差距（需要学生自主习得的 KSA） 图 11-8 中用"·"符号标记内容
	③ 问题／任务空间 图 11-8 的全部 KSA	⑥ 需要提供指导或者脚手架的知识技能 ● 立创 EDA 入门项目：ESP32C3+18B20+LED 无线温度传感器 PCB 板的设计和打样 ● 立创 EDA 进阶项目：ESP32C3+AT8236 无线电机驱动板的设计 ● Git 个人工作流 ● Git 多客户端同步工作流

⑦ 项目任务呈现

任务：请对中期创客项目进行改进

制作电路板，替代中期项目中没有固定良好的电路

建立一个 Git 远端仓库，并将代码、文档等资料使用 Git 进行管理，使用 Git 远端仓库进行公开分享

提交要求：电路图；电路的 3D 渲染图；焊接前后的实物照片；Git 远端仓库地址

图 11-8 为项目 P2 的 KSA 空间，它主要围绕"电子设计""Git 团队管理"两个大概念 / 大技能来构建。

项目 P2 的学习过程、环境与评价设计：

KSA 决定了最终我们选择哪些大知识和大技能来教给学生，确定 KSA 是非常重要的步骤。图 11-8 是 P2 项目的 KSA。这些 KSA 又可以分为学生已知的，和学生未知的。学生已知的项目，可以称为旧知，按照首要教学原理，这部分 KSA 需要在课程中安排教学活动来进行激活。而剩下的 KSA 则需要在激活旧知后安排学习活动来进行学习的。图 11-9 就是按照这些思路设计的教学活动。

8. 电子设计	9. Git 团队管理
·8-1 电路板的历史	√9-1 版本控制的必要性
·8-2 EDA 软件	·9-2 版本控制软件的历史
√8-3 电路图的画法	·9-3 Git 的出现
√8-4 常用元器件	·9-4 Git 的基本架构
·8-5 使用立创 EDA 进行电路和电路板设计	·9-5 Git 客户端的安装
·8-6 布线的原则	·9-6 国内外的 Git 远程托管服务
·8-7 丝印	·9-7 建立远程仓库
·8-8 泪滴	·9-8 客户端初始化设置
·8-9 如何交付生产	·9-9 个人工作流型
·8-10 立创打样服务	·9-10 多客户端工作流
	·9-11 多人协同工作流

图 11-8　项目 P2 的 KSA 空间

学习活动1 课内/外：内 学时：2 内容：电子设计	学习活动2 课内/外：内 学时：2 内容：Git 团队项目管理	学习活动3 课内/外：外 学时：8 内容：中期创客项目优化
学习活动 课上动手实践	**学习活动** 课上动手实践	**学习活动** 课外动手实践
教师教学行为 教练	**教师教学行为** 教练	**教师教学行为** 教练
教学资源/脚手架 立创EDA软件、立创EDA入门视频	**教学资源/脚手架** Git介绍视频、Git个人工作流视频、多客户端工作流视频	**教学资源/脚手架** 立创EDA开源社区
认知工具 立创EDA入门项目：ESP32+18B20+LED无线温度传感器PCB板的设计和打样	**认知工具** Git个人工作流、多客户端工作流	**认知工具** 无
评价探针 PCB渲染图和打样焊接照片	**评价探针** 团队Git远端仓库网址	**评价探针** 优化后的中期项目实物（评价量表）

图 11-9　项目 P2 学习过程与学习环境设计

3. 项目 P3 的任务呈现设计

表 11-7 为基于【IFMOS 设计用表 S3-1】完成的项目 P3 的模块目标空间与项目呈现设计。

表 11-7　项目 P3 的模块目标空间与任务呈现设计

① 模块目标空间 目标 3：考虑用户需求来进行产品设计的能力 目标 4：理解以人为本的思想 目标 5：理解可持续发展的思想 目标 6：理解用科技创新创造更美好生活愿景 目标 10：提高有效组织和利用时间的能力	② 真实情境 我具备了一定的创客能力，我想创业	④ 学生既有 KSA 无 说明：对于大一的学生，这一部分的调研结果是学生没有什么既有知识和技能。但是也正是因为大一，他们身上那种人类天然的创意能力是蓬勃而又活跃的
	③ 问题 / 任务空间 图 11-10 的全部 KSA	⑤ 认知差距（需要学生自主习得的 KSA） 图 11-10 中用 "·" 符号标记内容
		⑥ 需要提供指导或者脚手架的知识技能 基于中期项目的设计思维概念生成流程
⑦ 项目任务呈现 教例【11-4】		

图 11-10 为项目 P3 的 KSA 空间，它主要围绕"设计思维""创新"两个大概念 / 大技能来构建。

10. 设计思维	11. 创新
10-1 设计思维的概念	11-1 创新的概念
·10-2 设计思维流程	11-2 创新方法
·10-3 头脑风暴的团队工作方法	·11-3 设计思维的创新方法
·10-4 共情	11-3 TRIZ 创新方法
·10-5 定义	·11-4 长尾理论
·10-6 创意	·11-5 众筹
·10-7 原型	·11-6 以人为本
10-8 测试	·11-7 可持续发展
·10-9 toB 和toC	·11-8 联合国可持续发展目标

图 11-10　项目 P3 的 KSA 空间

教例
11-4

项目 P3 任务呈现

一、项目需求描述

在中期项目的技术方案基础上，为他人作一个设计，开发出实物原型，并参加期末展示。

二、建议的用户场景方向

可以参照 [联合国可持续发展目标 UNSDG]（https://sdgs.un.org/zh/goals ）

三、实物原型制作要求

制作出实物作品，并参加随堂组织的展示活动（mini makerfaire），具体有以下要求：

（1）必须：使用 3D 打印和激光切割技术中的一种以上。

（2）必须：使用嵌入式开发技术，并仅限 ESP32C3、Arduino UNO，或者其他 Arduino 开发板。

（3）必须：使用 Git 来管理项目，在项目的介绍文档里（一般使用 README 文件），介绍课程的学习过程，项目的用户和应用场景、用户痛点、设计概念图、开发出的实物原型照片，并附 Git 网址（推荐使用 gitee）。

（4）必须：设计并制作自己的电路板，可以自行加工也可以委托厂家生产。必须：设计并制作自己的电路板，可以自行加工也可以委托厂家生产。

（5）加分项：设计一张海报，介绍项目用户和应用场景、用户痛点、设计概念图、开发出的实物原型照片。

四、需要在学习通提交的内容

（1）实物作品演示视频（除了演示外，也可以添加设计、开发和展示的内容）；

（2）海报（体现设计思维的流程，加分项）；

（3）Git 仓库导出的压缩包。

项目（模块）P3 的学习过程、环境与评价设计：

项目 P3 是课程的最后一个子任务。课程的核心表现性任务："像创客一样，制作创新产品的原型"中的创新一词，就需要在这一步中来达成目标。

在分析 KSA 的基础上，我们设计出 P3 的学习活动，见图 11-11。

在这一教学活动设计中，比较有特点的是脚手架的使用。设计思维有非常多的工具可以使用，设计思维本身除了思维的部分，就是一个庞大的工具系统。我们根据自己的教学环境特点，开发了适合的工具来作为脚手架，以辅助学生完成 P3 的学习任务。

图 11-11　项目 P2 学习过程与学习环境设计

"从代码到实物：造你所想" PtBL 教学设计第 4 步（S4）：原型设计

这一步基于上述三个步骤进行整合，在教学目标、教学评价、问题设计与学习活动设计之间形成迭代。

课程形成完整的教学设计原型清单如下。

（1）课程质量标准；

（2）教学执行大纲；

（3）视频清单；

（4）课程 Git 远端仓库；

（5）脚手架设计；

（6）各种学生用表、软件、AI 等认知工具；

（7）学习通；

（8）实验室；

（9）工具包。

"从代码到实物：造你所想" PtBL 教学设计第 5 步（S5）：自评估设计

5.2 节讨论了导向深层学习的教学原理，表 6–3 给出了基于深层学习教学原则的自评估指标。

基于【IFMOS 设计用表 S5】，围绕课程针对 44 个指标开展自评估，建议采用四级评级：

4 分：非常符合；3 分：较符合；2 分：不太符合；1 分：非常不符合。

表 11–8 为课程自评估结果，对每一项进行打分，在满分 176 情况下得分 150 分，大约 85%，直观来看课程设计还有待优化的地方。

比关注总分更重要的是，对于每一个教学原则（横向），以及每一个设计项目（纵向）的评估结果。

① 横向来看，"原则8：帮助学生成长为终身学习者"得分只有70%，有很大的优化空间，值得进一步进行深入的思考和改进。

② 纵向来看，"F.评价与反馈"得分只有71%，也有较大的提升空间，有必要针对各个原则进一步优化设计。

"原则2：应基于学生已有知识开展教学""原则6：为学生提供协作学习的机会"等也有待进一步重构和优化。

总体来看，IFMOS是一个系统性思考与重构的过程。走到这里时，我们将面对再次迭代的机会。回到框架设计，再次迭代。

表11-8　"从代码到实物：造你所想"自评估

教学原则	A. 核心表现性任务	B. 教学目标	C. 任务呈现	D. 教学过程	E. 教学环境	F. 评价与反馈	得分
原则1：应有效激发且维持学生的学习动机	4	3	3	4	4	3	87%
原则2：应基于学生已有知识开展教学	2	N/A	3	4	4	3	80%
原则3：以应用和迁移为主要教学目标	4	4	3	4	4	3	91%
原则4：创设"学生参与的真实实践"环境	4	4	4	3	4	3	91%
原则5：为学生提供外化和表达所学的机会	3	4	4	3	4	3	87%
原则6：为学生提供协作学习的机会	3	4	3	3	4	3	83%
原则7：为学生提供适当的支持与指导	N/A	N/A	3	4	4	3	87%
原则8：帮助学生成长为终身学习者	4	4	N/A	2	2	2	70%
得分	85%	82%	82%	84%	93%	71%	85%

第12章 从头打造IDL课程：以"运动、科技与智慧人生为例"

跨学科课程设计的最大难点，在于如何有效整合多个（单一）学科。这一章将展示如何设计一门 IDL 课程，提升学生的跨学科能力与综合素质。我们首先探讨为何要开展跨学科教育，并进一步结合"运动、科技与智慧人生"详细说明 IDL 课程的设计过程。

12.1　为何要开展跨学科教育

现实世界的复杂性决定了跨学科学习的必要性

① 问题的复杂性

现实世界的复杂性带来了问题的复杂性。当今社会我们所面临的所有重大问题，都不能通过单一学科独立解决，如气候问题、能源危机、DNA测序、肥胖、全球饥荒、宇宙起源、大规模流行性疾病防控、文化认识与艺术表现等[26][27]。

当今社会我们所面临的所有重大问题，都超越了单一孤立学科的范畴，甚至跨越了自然科学、社会科学和人文学科，需要综合多门学科的知识、观点、方法、工具来解决。

② 约束的复杂性

国际生产工程科学院（The International Academy for Production Engineering，CIRP）将工程活动定义为"应用技术和科学原理制造产品，目的是保护环境、节约资源、促进经济进步、考虑社会关切和可持续发展的需要，同时优化产品生命周期，最大限度地减少污染和浪费[28]。"

充分实施全生命周期工程，需要工程师具有足够的知识经验积累、形成对相邻学科的理解、具备表达沟通技能以及创造性，才能提出新的想法或创新的解决方案[29]，因而同样需要综合多个学科。

③ 系统的复杂性

现实世界大多数工程系统，都是复杂系统，因而既需要了解系统中各部分如何运作，也需要了解这些部分间的相互关系，以及时间和环境如何影响它们的运作模式与相互关系。

雷普克指出，如果只经过公修课和单一传统学科的学习，学生往往会形成"筒状视角（Silo perspective）"，缺乏对整个系统背景的理解以及通过多学科视角观察。

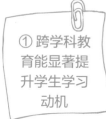

④ 知识方法的复杂性

如今大部分工作都具有知识密集特性，而计算技术的发展更加剧了这种复杂性。

无论是雷普克所说的建立模型进行模拟[30]，还是德里克所说的使用数字技术生成分析大量数据[27]，分析与解释模型和数据都需要运用多个学科的知识。

抽象的模型和数据加大了解读知识的难度，因而更要求人们掌握理解、运用及整合多学科的知识和方法。

学生将从跨学科学习中受益

《教育 2020 年工程师》指出："现实世界中的问题很少被定义为沿着狭窄的学科界限。本科学生应通过隐藏于这些问题之中的学科间的相互作用的粗略的学习中受益。"[19]

具体来看，跨学科教育可以从学习动机、素质能力与信心培养等方面使学生受益。

① 跨学科教育能显著提升学生学习动机

安布罗斯等指出，如果学生认为自己的学习目标有价值，其学习的动机水平就会更高。

学习目标的价值可分三类：一是成就价值，即从完成学习任务的结果中获得的满足感；二是内在价值，即对学习任务感兴趣或认为其有意义，在完成过程中获得的价值感；三是工具性价值，即通过完成学习任务获得的外部奖励[10]。跨学科教育会带来学习目标价值的提升。

跨学科教育是"基于那些重大的、扣人心弦的问题来开设课程[27]"。由于情感目标和社会性目标在课堂中扮演着重要的角色[10]，因而这类重大问题会让学生获得更大价值感。

同时，跨学科教育以解决问题为目标的迭代过程与最终结果，会激发学生学习兴趣并带来满足感。

进一步，学生通过跨学科学习会认识到，他们在课堂上所解决的这些问题，能够帮助他们成为一名高水平的工程师，进而获得为未来职业做准备的工具性价值。

② 跨学科教育能够提升学生的成功智力

雷普克介绍了成功智力的三个方面：创造性智力用以构想出解决方案，分析性智力理解方案并评估其功效，实践型智力是以有效方式实现方案。而增进成功智力，需要在这三种思维方式之间保持平衡[1]。

传统的课程，往往过分突出惰性的分析性智力培养，忽视了更关注现实世界多样性的另外两种思维。

在本手册所强调的跨学科教育中，学生针对复杂问题，整合不同学科认识，设计并实现解决方案，因而可以有效提升他们的创造性与实践性智力。

③ 跨学科教育能够全面提升学生的素质与能力

《教育2020年工程师》指出，基于多学科团队参与重大或重大挑战的本科工程教育将有多种辅助效益，包括领导力、沟通和团队合作技能、跨文化和跨国家意识，最重要的是，他们对自己为科学和工程界作出贡献的能力有信心[19]。

雷普克则从有关跨学科研究的大量文献中提取出跨学科研究者所共有的素质和技能，其中素质包括事业心、爱学习、反思、容忍复杂状态的歧义和悖论、对其他学科的接受能力、愿意熟识多门学科、重视多样性、愿意合作、谦逊等，技能则包括交流能力、抽象思维能力、辩证思维能力、创新思维能力以及整体思维能力等[1]。

跨学科教育对教师同样具有积极作用

由于跨学科教育是以解决真实复杂问题为目标，同时包含了寻求解决方案的研究过程，因此教师更容易将教学与科研进行融合，与学生建立学习共同体，发展出新的更具有创新性的见解。

不同学科教师在共同开展教学的过程中，通过交流合作熟识彼此学科领域，更容易找到学科交叉领域的新的研究方向与研究方法，形成新的研究增长点。

正如《教育 2020 年工程师》所述，"教师们将体验到学习新事物和建立新伙伴关系所带来的智力上的兴奋，并将能够把更多的精力集中在他们真正关心的事情上，比如为重要的研究作出贡献，为年轻人的生活带来真正的改变，为社会作出贡献。教师的情感奖励是改变教育环境的一个关键因素"[19]。

教育机构将从跨学科教育中受益

《教育 2020 年工程师》指出，"如果精心构建新的教育环境，可以在许多方面造福于机构：提高机构与利益相关者的信誉，因为大学研究的目标是解决当地社会问题；与当地组织和国际盟国建立更好的伙伴关系；使学院对来自不同背景的学生和教师更有吸引力"[19]。

事实上，如果学校和学院能够有效推动跨学科教育，将能够更好地解决重大问题，激发教师与学生的积极性、活力与创造力；能够与开展跨学科教育的同类机构建立伙伴关系并共享资源和成果；能够使得不同学科间更好融合促进，进而生成更多新的研究与教育增长点。

12.2 "运动、科技与智慧人生"课程简介

"运动、科技与智慧人生"已经开设 14 期，在教学实践中，基于深层学习教学原则的自评估指标不断迭代完善，目前该课程除获批国家级一流课程、四川省课程思政示范课外，还被美国著名教育家 Ken Bain 教授收录入在由普林斯顿大学出版社出版的 *Super Courses*[31]《超级课程》中。该书收录了来自哈佛大学、普林斯顿大学等 11 所世界名校案例，"运动、科技与智慧人生"是唯一中国大陆高校的课程案例。

图 12-1 中的场景展示了学生学习过程及反馈，总体来看学生课堂参与度、完成作业及作品主动性高。

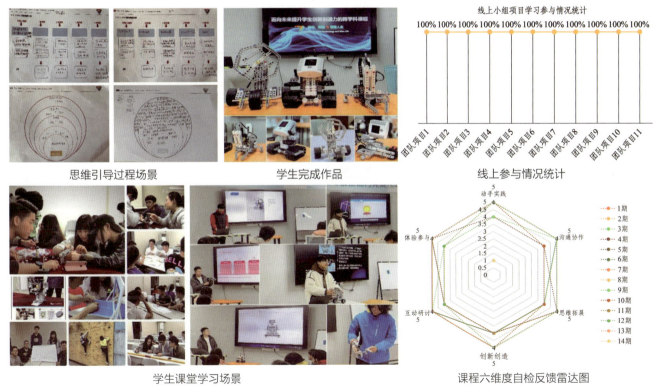

思维引导过程场景　　　学生完成作品　　　线上参与情况统计

学生课堂学习场景　　　　　　课程六维度自检反馈雷达图

图 12-1　学生学习过程及反馈

12.3　将 IFMOS 应用于 IDL 课程教学设计

图 12-2 重新画出了在 IDL 课程中 IFMOS 教学创新设计五步法的流程（图 6-1），其详细描述见 6.2 节。注意我们这里主要考虑基于项目式（PtBL）的 IDL 课程设计。

下面我们以"运动科技与智慧人生"课程为例，带您设计一门 IDL 课。

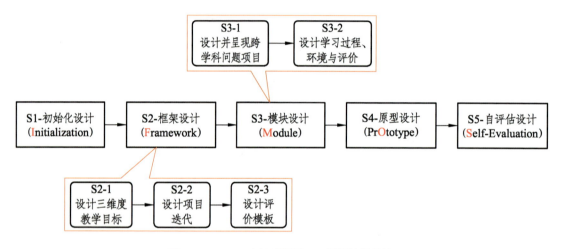

图 12-2　IFMOS 方法应用于 IDL 课程教学设计

"运动、科技与智慧人生" IDL 教学设计第 1 步（S1）：初始化设计

在初始化设计阶段，我们要完成【IFMOS 设计用表 S-1】。

在动手设计前，我们建议您先按下暂停键简单思考一下该表内容：我们要设计的这门 IDL 课程它的基本定位，这里可以结合专业培养方案、确定课程属性、分析学生学情，在此基础上再考虑课程目标、教学内容、评价等内容。

在思考过程中可能您会问：如果是想从无到有新构建一门 IDL 课程，那么课程目标、教学内容、教学评价、教学策略如何确定，我们可以根据构想课程定位先初步填写一个，可以不用特别精确。

1.1 节给出了跨学科学习的两种不同视角，它们同时也代表了 IDL 课程教学设计的两种视角，如图 12-3 所示。显然，基于专家实践的跨学科研究视角更容易帮助我们将不同学科知识有效融合。教例【12-1】给出了基于专家实践视角的核心表现性任务，找到课程初步设计思路，结合设计思路就可以将课程基于专家实践视角的 IDL 设计框架初步构建出来了，见图 12-4。

> 基于内容整合的跨学科教学视角：教师或教学团队对两门或多门学科或知识体系进行辨识、评价与整合，以提高学生理解问题、处理问题、评价解释、创造新方法和解决方案的能力，而那些方法和解决方案超出了单门学科或单个教学领域的范畴

> 基于专家实践的跨学科研究视角：跨学科研究是回答问题、解决问题或处理问题的进程，由于这些问题太宽泛、太复杂，靠单门学科不足以解决。它以学科为依托，以整合其见解、构建更全面认识为目的。因此，学生通过模仿专家实践在开展跨学科研究过程中学习

图 12-3　跨学科教学设计的两种不同视角

教例 12-1

基于专家实践视角的"运动、科技与智慧人生"课程

　　课程从专家实践研究视角出发，目的是如何设计一款运动产品来更好地满足人锻炼的需求。完成这个任务就需要超越单个学科范畴将体育学科与工程学科有机结合来解决，如力学、机械等学科，这样就将不同学科有效融合。

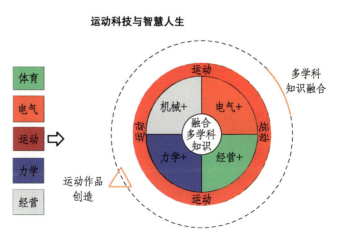

图 12-4　基于专家实践研究视角的 IDL 设计思路图

基于【IFMOS 设计用表 S-1】完成课程的初始化设计，如表 12-1 所示。

表 12-1　课程初始化设计

① 教学要求 通识课程质量标准（学校文件） 五维度课程教学目标： 课程超越"理解 + 记忆"的浅层教学目标，将深层学习纳入教学目标，涵盖知识、能力、人格与价值等维度。	② 学情分析 通识选修课程,面对不同学科、不同年级的学生	③ 教学目标 跨学科能力、创新思维、批判性思维、动手能力等综合能力（可以初步设想）
④ 教学内容 涉及不同学科的基础性、原理性知识 整合知识解决复杂问题的能力	⑤ 教学评价 注重过程性的评价、注重高阶能力的评价方式	⑥ 教学模式 全课程、PtBL、跨学科

"运动、科技与智慧人生" IDL 教学设计第 2 步（S2）：框架设计

S2-1: 设计三维度教学目标

1. 基于专家实践确定核心表现性任务

我们反复强调跨学科任务一定来自于真实的专家实践视角，正是因为在真实实践中，完成这样的任务超出单门学科能够解决的范围，我们才需要开展跨学科教育，任务的具体形式可以是提供解释、设计产品、提供解决方案等，如教例【12-2】所示。

教例
12-2

课程"运动、科技与智慧人生"的核心表现性任务

　　课程的专家实践是"运动产品设计"，显然这一任务超越单个学科范畴。

　　基于此确定课程核心表现性任务为：设计实现能够辅助运动员与运动爱好者进行科学有效运动的软硬件产品。

教例
12-3

课程"运动、科技与智慧人生"中的大概念 / 大技能

体育运动原理
电气原理
机械原理
力学原理
经管营销理论五
大知识模块

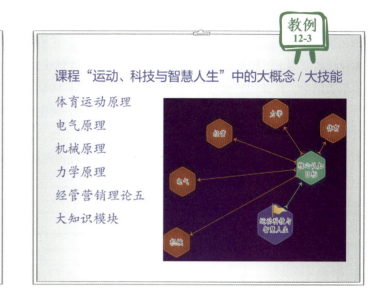

2. 基于核心表现性任务确定大概念 / 大技能

我们在第 7 章中谈到，跨学科并非没有学科，而是建立在多个（单门）学科基础之上，（单门）学科是跨学科的依托，包含学科内的信息、资料、技术、工具、观点、概念或理论等。

因此，这一步需要分析完成（跨学科）核心表现性任务所需要的知识技能，并确定大概念 / 大技能。

如教例【12-3】所示，"运动科技与智慧人生"课程中，学生需要能够应用设计思维基本思想和流程，能够理解运动学、力学基本原理，应用机械、电子、计算机相关知识技能，能够制定商业方案。

3. 确定三维度教学目标

第 7 章给出了如何确定课程的三维度教学目标，这里不再赘述。但这里需要说明一点是：课程三维教学目标的设计，在设计的原则下可以根据课程的需要在原型设计中体现或突出课程的特色，如"运动、科技与智慧人生"这门课，在原型设计——教学大纲中，将课程思政目标维度在课程三维教学目标设计的原则下，将其进一步细化设计，为实现课程思政目标进行了本课程有特色的分解设计，如固定思政与动态思政，放在课程合适教学模块中，目的是更好地实现课程思政目标，同时也具有了本课程创新设计特点，但总体设计原则是不变的。这也就是形成课与课之间不同，特色所在的地方。教例【12-4】为本课程三维度教学目标。结合课程目标设定与课程特色就可以完成三维度教学目标设计，如表 12-2 所示。

教例
12-4

"运动、科技与智慧人生"课程目标维度

目标维度			描述
领域知识			掌握五大学科基础模块（体育、电气、机械、力学、经管）
课程思政			激发为人类造福的社会责任感
	具体目标	子维度	解释
跨学科能力	可迁移的技能和能力	整合和迁移多学科知识	将不同学科领域的知识、理论和方法的深层理解和洞察；在不同学科之间转移和应用概念、原理和方法的能力。
		适应性和弹性	学生具备适应不同情境和变化的能力，能够应对新的挑战和机会
		跨文化和跨领域思考	学生有能力尊重和理解不同文化、背景和学科领域的观点，以促进多样性和跨学科合作
通用能力	批判性思维	问题分析	学生能够识别和理解问题，深入分析问题的各个方面，识别问题的根本原因和关键要素
		多角度思考	学生具备从不同学科和视角审视问题的能力，能够综合不同领域的知识和观点，形成全面的理解

续表

通用能力	批判性思维	证据评估	学生有能力评估信息和证据的质量、可靠性和相关性，以确定哪些信息对于解决问题或支持观点最为有效
		逻辑推理	学生能够进行逻辑推理，运用正确的推断和推论，以支持他们的观点或解决问题
		批判性判断	学生具备做出批判性决策和判断的能力，根据对问题的深刻理解和分析，做出明智和有根据的决策
	成长性思维	自我效能感	学生相信他们可以通过努力和学习来提高自己的能力，具备积极的自我效能感，相信自己可以克服挑战
		积极反应失败	学生将失败视为学习的机会，愿意从失败中汲取经验教训，并在下次尝试中改进
		目标设定和规划	学生有能力设定明确的学习目标，并制定计划和策略来实现这些目标，积极追求个人和学术成长
		持续学习和进步	学生认识到学习是一个终身过程，愿意不断追求知识和提高自己的技能，不满足于现状
	创新性思维	创新方法和策略	学生掌握各种创新方法和策略，包括设计思维、逆向思考、头脑风暴等，以寻找新的解决方案和观点
		问题识别和定义	学生能够识别并清晰地定义跨学科问题，明确问题的范围和目标，为创新提供基础
		多样化的思维方式	学生具备多样化的思维方式，能够从不同角度思考问题，包括跨学科、跨文化、跨领域等多个维度
		原创性和独立思考	学生具备原创性和独立思考的能力，能够提出新颖的观点、理念或解决问题的方法，不受传统思维模式的束缚
		实践和实施	学生不仅有创新的思维，还有将创新想法付诸实践的能力，能够将创新成果应用于实际问题或项目中

通用能力	动手实践能力	实际应用	学生能够将理论知识应用于实际情境，通过实际操作和实验来解决问题和验证理论
		技能发展	学生具备开发和提高实际技能的能力，这些技能涵盖了多个领域，包括科学、工程、艺术、手工艺等
		创造力和设计	学生能够通过动手实践展现创造力，设计和制作原创作品，如艺术品、工程项目、实验室实验等
		问题解决	学生通过实际实践培养解决问题的能力，学会面对挑战，迅速调整策略，并找到有效的解决方案
	团队协作能力	沟通能力	学生可以有效地交流想法、意见和信息，这包括倾听他人的观点，清晰地表达自己的想法，并有效地进行双向沟通
		共同目标意识	学生需要理解并致力于实现团队的共同目标和任务，包括对团队目标的认同以及为实现这些目标所作的努力
		角色认知与分工	学生明确团队中每个成员的角色和责任，以及他们对团队目标的贡献
		信任与尊重	学生在团队内部建立互相信任和尊重的文化
	数字素养	信息搜索和评估	学生能够使用工具有效地搜索、评估和利用信息，包括数字和文本信息，以支持他们的学习和决策
		数据处理和分析	学生能够收集、整理和管理数据，包括文本、数字、图像等形式的数据
		数字创新创造	学生能够利用数字工具和平台进行创新和创造，设计和开发数字内容和产品

表12-2　课程三维度教学目标设计

① 核心表现性任务 设计实现能够辅助运动员与运动爱好者进行科学有效运动的软硬件产品。	③ 课程思政目标 为人类福祉而创造的价值引导	⑤ 核心教学目标 ● 能够应用五大知识模块解释现象 ● 能够应用五大知识模块设计解决方案 ● 共情能力 ● 自主探究与团队协作解决复杂问题的能力
② 核心认知目标 ● 体育运动原理 ● 电气原理 ● 机械原理 ● 力学原理 ● 经管营销理论	④ 通用能力目标 ● 自主探究与团队协作解决复杂问题的能力 ● 3+3思维与能力（批判性思维、成长性思维、创新性思维＋动手实践能力、掌握可迁移的知识技能能力和创新能力	● 3+3思维与能力 ● 综合应用与创造知识的跨学科能力 ● 数字素养 ● 商业思维

4. 确定项目迭代，设计评价模板

6.2节中我们谈到，有可能单个核心表现性任务对应多个问题或者项目，也有可能每个核心表现性任务对应单个问题或者项目。

具体来看，"运动、科技与智慧人生"课程采用一个大的完整任务（P1）：设计实现能够辅助运动员与运动爱好者进行科学有效运动的软硬件产品。

表12-3为课程评价模板设计。

表12-3　课程评价模板设计

项目	评价对象	教学目标	评价探针
P1	找跨学科问题／任务清单	教学目标① 教学目标② …… 教学目标 m 即三维度教学目标	任务清单展示综合评价
	创意想法提出／思维训练表		思维训练表小组互评
	团队自主协作／创意项目初步方案		创意项目初步方案分析型评价量表
	项目动手实践完成／BP（商业计划）		运动产品商业方案汇报整体型评价量表

"运动、科技与智慧人生"IDL 教学设计第 3 步（S3）：模块设计

上一节我们针对核心表现性任务，设计了一个大项目，P1，因此这一步我们就针对 P1 开展模块设计。具体看模块设计包括：

① IFMOS-S3-1：设计并呈现项目

② IFMOS-S3-2：设计学习过程、学习环境与学习评价设计

这一步包含 7 个步骤，如图 12-4 所示，对应了【IFMOS 设计用表 S3-1】

①确定模块目标空间 → ②设置真实情境 → ③明确项目空间 → ④评估学生既有知识技能 → ⑤确定认知差距 → ⑥确定需要提供指导或脚手架的知识技能 → ⑦呈现项目

图 12-5　设计并呈现项目流程示意图

项目 P1 的任务呈现设计：

（1）确定项目目标空间。

对于只有一个大的完整任务的 IDL 课程，显然模块目标空间就是课程教学目标空间。

本课程三维度教学目标详见表 12-2。

（2）为项目设置真实情境。

课程围绕如何设计运动产品这一核心表现性任务创设了攀岩这一运动真实场景，通过任务清单引导学生以小组协作形式完成发现问题、分析问题、形成创意、动手实践、完成最终创意，让学生利用掌握可迁移的知识和技能不断创造，最大限度地激发学生探究知识的兴趣，培养学生形成跨学科知识、发展跨学科思维能力和跨学科素养，实现多学科融合创新能力的提升。

学生在体验的过程中，发现攀岩爱好者不仅要满足体力、技巧方面的要求，装备、场地也需要根据攀岩者的能力做出变化。基于此，为满足不同的攀岩者的需求，学生希望设计一个可调节角度的攀岩墙，其不仅仅是整体角度的调节，在一定程度上也可以实现局部角度的调节以更好地模拟其攀岩的真实情景。

攀岩墙角度的可调节以更准确地模拟岩壁的真实情况，使其为攀岩者提供实践指导，并适应不同环境下的攀岩运动。个体攀岩者可以根据自身水平来调节攀岩墙的角度以此来享受攀岩的乐趣和挑战，不断提升自己的攀岩技能和水平，同时也促进攀岩运动装备设施的发展和创新。

说明：本课程真实情境不仅是攀岩，有虚实结合的多元场景体验，这里仅以攀岩体验为例。

（3）明确项目的知识技能能力（KSA）空间。

对于只有一个大的完整任务的IDL课程，项目的KSA空间就是完成这一项目任务所必需的知识技能能力。课程中因为学生完成任务的复杂程度会不同，学生用到的KSA就会不同，但仍需将本课程中完成这一任务关键环节所涉及的主要KSA以大概念／大技能方式整理出来。

"运动、科技与智慧人生"P1的任务要求

任务描述：运用多学科知识完成运动产品的设计（这里以可调节攀岩墙设计为例），产品采用Abilix（能力风暴）教学机器人完成。

任务要求：

① 将五大学科原理知识应用于产品设计中

② 将创意项目方案实现过程分解并可视化

③ 通过任意一种软件工具将设计产品概念图或产品模型呈现

④ 通过Abilix积木式机器人完成项目演示

完成 P1 这一任务，梳理了所需要的知识技能，见图 12-6，即 P1 的 KSA 空间。为了直观显示并与认知差距对比课程结构建了知识图谱，来显示 P1 的 KSA 空间，见图 12-7。

体育基本原理	机械基本原理	力学基本原理
1. 运动项群分类与特征 2. 人体基本结构 3. 肌肉类别与运动方式 4. 运动锻炼基本原理 5. 智能穿戴的运动应用	1. 机械齿轮与传动原理 2. 机械运动分析 3. 运动坐标位置变换 4. 平面四杆机构 5. 智能制造应用场景	1. 受力分析与力学平衡原理 2. 运动中人体重心力学分析 3. 杆件及杆系的力学平衡与受力分析 4. 力学有限元分析 5. 冲击动力学及空气动力学
电气基本原理	**营销基本理论**	**技能能力**
1. 传感器原理及应用 2. 电子元器件工作原理 3. 红外测距.超声传感原理 4. 电、磁、力耦合过程 5. 脉冲微电流电极	1. 营销模式及宣传策略 2. 商业计划及路演流程 3. 满足市场需求为目标的4P理论 4. 追求顾客满意为目标的4C理论 5. 大数据营销	1. 机械制图/运动仿真 2. 3D建模/UG/C4D 3. Keyshot/Blender 4. 3D打印/激光切割 5. Abilix机器人操作 6. 设计思维/TRIZ

图 12-6　P1 的 KSA 空间

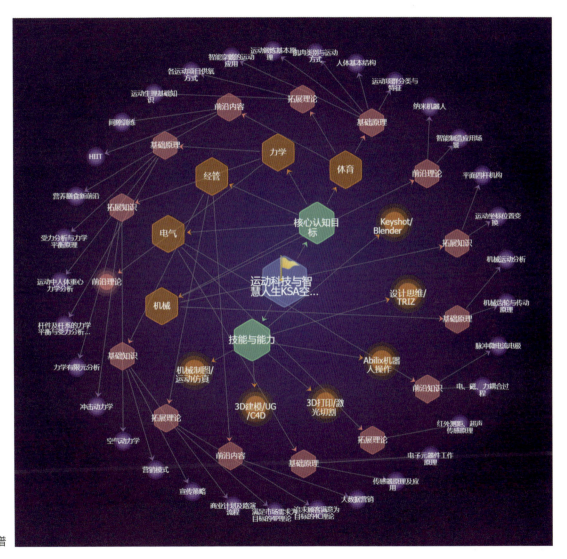

图 12-7　P1 的 KSA 空间知识图谱

（4）评估学生既有知识技能能力（KSA）。

接下来您需要基于学生既有 KSA 来进行教学设计，因此评估学生既有 KSA 非常重要，一般可以通过在线问卷方式进行学情分析。

"运动、科技与智慧人生"是面向全校的通识选修课程，从 14 期的选课情况来看，选课学生一般集中在不同学科的一年级，他们本专业领域学习处于初级阶段，因此我们认为学生既有 KSA 较弱。

学生来自不同学科，即使涉及力学、电气、经管、机械等专业学生，也仅了解最基本的知识内容，这里可认为学生无既有知识技能能力（KSA）。如图 12-8 所示。

图 12-8　对学生 KSA 初评估框架图

（5）确定认知差距。

通过以上分析后，图 12-9 中显示出了灰色板块就是学生需要学习的内容。

IDL 学习的目标就是让学生运用多学科的视角去解决复杂问题，正是通过完成这样一个完整的项目将不同学科知识整合解决复杂问题，并提升综合能力。

（6）确定脚手架。

正如前面提及的，IDL 项目中因为学生完成任务的复杂程度不同，涉及的 KSA 就会不同，教学的本质是激发学生的自主学习动机，让学生自主学习。面对不同专业同学及不同项目，用到的 KSA 不同，需要搭建脚手架帮助学生顺利完成项目，面对 IDL 一个完整的项目可以将其学习过程模块化，确定关键环节并匹配相应的脚手架。详见图 12-10。

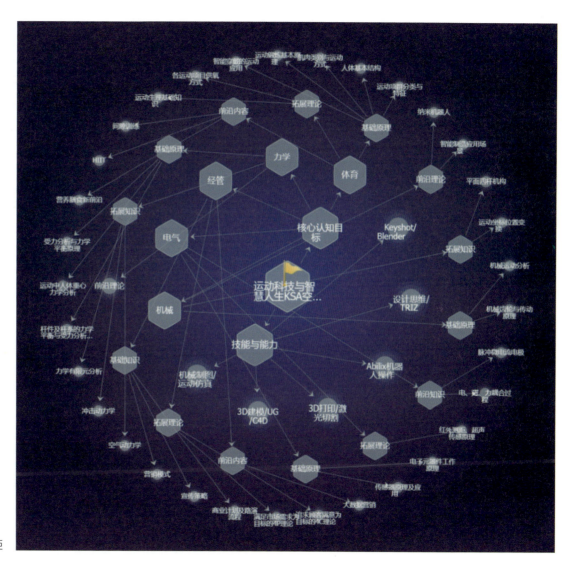

图 12-9　认知差距

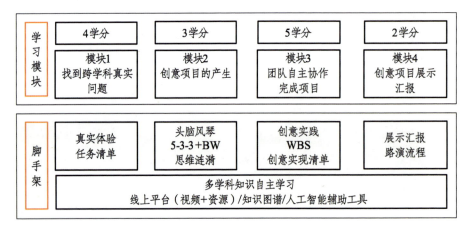

学习模块	4学分	3学分	5学分	2学分
	模块1 找到跨学科真实问题	模块2 创意项目的产生	模块3 团队自主协作完成项目	模块4 创意项目展示汇报

脚手架	真实体验 任务清单	头脑风琴 5-3-3+BW 思维涟漪	创意实践 WBS 创意实现清单	展示汇报 路演流程
	多学科知识自主学习 线上平台（视频+资源）/知识图谱/人工智能辅助工具			

图 12-10　脚手架

（7）呈现项目任务。

基于已经确定的内容，采用【IFMOS 设计用表 S3-1】将 IDL 的项目 P1 模块目标空间与项目呈现。

表 12-4　项目 P1 的模块目标空间与任务呈现设计

① 模块目标空间	② 真实情境	④ 学生既有 KSA
（1）应用五大知识模块解释现象 （2）应用五大知识模块设计解决方案 （3）自主探究与团队协作解决复杂问题 （4）为人类福祉而创造的价值塑造 （5）完成运动创意产品，提升综合应用与创造知识的跨学科能力 （6）项目展示的多模态呈现提升数字素养及商业思维	真实运动场景体验，如攀岩；VR 虚拟运动场景的体验	无
	③ 问题／任务空间 见图 12-7 运用多学科知识完成运动产品的设计，产品采用 Abilix 教学机器人完成。	⑤ 认知差距（需要学生自主习得的 KSA） 见图 12-9
		⑥ 需要提供指导或者脚手架的知识技能 任务清单 5-3-3+BW 思维涟漪 WBS 创意实现清单 路演流程 线上平台（视频＋资源） 知识图谱 人工智能辅助工具 复盘画布 车日路模型

⑦ 项目任务呈现
完成运动产品设计
（1）将五大学科原理知识应用于产品设计中
（2）将创意项目方案实现过程分解并可视化
（3）通过任意一种软件工具将设计产品概念图或产品模型呈现
（4）通过 Abilix 积木式机器人完成项目演示

基于以上项目的梳理，对应每个学习活动，就可以从学习资源、脚手架、认知工具、教学评价等方面进行 S3-2 的设计了，见图 12-10。

图 12-11　P1 的学习过程、环境和评价设计

"运动、科技与智慧人生"IDL 教学设计第 4 步（S4）：原型设计

基于上述三个步骤进行整合，这一步形成完整的教学设计原型，我们主要用课程大纲作为原型展示。

图 12-12 为"运动、科技与智慧人生"的教学大纲模块化设计，包含六个模块。表 12-5 给出了课程教学大纲的具体设计，包含 17 讲课的教学安排。

图 12-12　课程教学大纲的模块化设计

表 12-5 课程教学大纲

课程整体设计模块	周次	教学内容（要点）	教学目标 / 价值意义	教学形式	脚手架（附件）参考资源 / 工具	作业要求（平台）	备注
课程导学	1	**明确目标与分组团建** （1）介绍本课程价值、作用与目标，设计思考与教学内容； （2）破冰环节：师生间的相互了解与熟悉（全体教师）	明确课程学习目标及内容并找到在这门课程中的学习意义；师生建立良性的互动关系并分组形成牢固的协作团体；价值观的树立	讲授、互动游戏、分享与小组讨论思考用海报呈现	（1）智慧树课程资源； （2）车日路模型； （3）团队组建模型； （4）找到真问题的 3D 模型； （5）课前学情分析问卷	（1）登录智慧树熟悉并了解学习资源平台； （2）加入课程互动平台； （3）关注课程公众号； （4）组建 wechat/QQ 学习小组； （5）知晓课程学习要求	固定思政：从"我'到"我们"团队、集体意识的培养，同时为后续同伴学习打下基础

课程整体设计模块	周次	教学内容（要点）	教学目标/价值意义	教学形式	脚手架（附件）参考资源/工具	作业要求（平台）	备注
模块一 认知情景体验+思维	2	体验与思考——攀岩 （1）走进运动，激发兴趣与创想——体验攀岩； （2）运动基本原理、力学知识的融入与拓展（力学/体育教师）	在运动体验中融入力学、运动等知识；学生在体验中发现问题，并思考讨论	体验+讲解、小组讨论、讲授	（1）任务清单； （2）智慧树课程资源	（1）小组完善任务清单并提交平台； （2）提前根据手册安装机器人APP； （3）思考除了力学三点平衡在攀岩中体现，你还知道哪些力学知识运用在运动中	根据课前学生问卷确定体验项目，通常学生会选择攀岩与健身房。 固定思政： 在攀岩遇到挑战时，植入体现体育精神的关键人物或关键事件予以正面激励
	3	体验与思考——健身房 （1）走进运动，激发兴趣与创想——体验健身房； （2）机械知识的融入（传动方式）； （3）传动方式的动能转化与实现（Abilix的应用） （机械/电气/体育教师）	在体验中融入机械、运动等知识； 学生在体验中发现问题，并尝试找到解决方案； 加深并学会应用所学知识（小试牛刀）	体验+讲解、分组讨论、讲授、思考过程用海报呈现、团队动手实践	（1）任务清单； （2）智慧树课程资源（重点关注库卡机械手臂）； （3）Abilix机器人的操作手册； 4）推荐关键书籍	（1）小组完善任务清单并提交平台； （2）讨论并完善小组构想用海报呈现； （3）思考运动机械如何设计？需要考虑什么因素？ （4）除齿轮和连杆外，还有什么运动机械？如何设计	根据课前问卷学生选择体验项目，通常学生会选择攀岩与健身房。 固定思政：富有社会责任感的"起心动念"，确立为人类、为社会解决问题的价值初心

续表

课程整体设计模块	周次	教学内容（要点）	教学目标 / 价值意义	教学形式	脚手架（附件）参考资源 / 工具	作业要求（平台）	备注
模块一认知情景体验＋思维	4	**体验与思考——VR**（1）走进科技，体验运动，激发创想——通过VR体验现实生活中不容易体验到的运动项目；（2）讨论与分享真实体验与虚拟现实体验不同感受以及优劣（电气 / 体育教师）	运用现代技术手段拓展学生体验运动项目，满足学生的兴趣外，引导学生深入地、批判性地进行思考与分析，提高思维质量、学会独立思考	体验与分享、分组讨论、小组互评	（1）任务清单；（2）认知VR的相关查阅知识链接；（3）参用Rubric（分析型）评价量规	（1）小组完善任务清单并进行讨论分析；（2）小组进行辨析、整理、提炼后进行分享；（3）小组间进行互评	根据课前问卷学生选择体验项目，会涉及拳击、射击、滑雪等高难度不易体验到的运动项目，借助VR技术拓展体验，在运用现代技术时，讨论优劣时，植入固定思政：科技强国
模块二改变行为思维＋能力	5	**共情能力的培养**（1）通过各小组体验及第一轮构想进行分析，基于案例讲授以"客户"为中心的营销理论；（2）小组角色分工扮演，模拟产品营销（经管 / 体育教师）	自我案例分析引入营销学理念；角色扮演拥有同理心，培养共情能力	案例分析、分组讨论、小剧场	（1）智慧树课程资源；（2）推荐经济管理学重要书籍、重要人物；（3）问卷设计模板	（1）提前了解以客户为中心的问卷设计模板；（2）小组讨论思考设计自己的问卷	固定思政：植入换位思考的人文关怀情感，同时认知共情也是一种稀缺能力

课程整体设计模块	周次	教学内容（要点）	教学目标/价值意义	教学形式	脚手架（附件）参考资源/工具	作业要求（平台）	备注
模块二改变行为思维+能力	6	**科学方法和工具的应用** （1）讲解并分析各小组设计的问卷，各小组进行讨论修改； （2）迪卡侬运动商场体验与问卷调查（校外真实场景运用） （经管/体育教师）	学会利用工具接近事实真相的能力； 通过调研拓宽视野，激发灵感	小组讨论、外出调研	（1）任务清单； （2）学会发放问卷及调研的方法与工具	（1）小组讨论完成任务清单； （2）完成调研后分享小组发现的最有价值或最受欢迎的运动产品，并分析为什么，给出支撑	完成如何发现问题、分析问题、解决问题的一个迭代小闭环。 固定思政：推荐一部经典励志影片课后观看（成长性思维）
	7	**多元思维模型的培养** （1）通过运动视频以反向工程思维为例进行分组训练； （2）批判性与创新性思维的训练拓展，通过TRIZ引导学生运用Brainstorm构想创意 （全体教师）	学会使用思维导图； 多元思维的培养； 小组创意的激发	个人独立思考；分组头脑风暴：Think-Pair-Share	（1）5-3-3+BW的思维训练表； （2）涟漪思维表； （3）思维导图工具包	（1）完善并提交小组思维导图； （2）讨论后提交小组初步构想	利用固定的设计运动视频，引入反向工程目思维，进一步通过思维训练表启发每个人的批判与创新思维。 动态思政：关键人物创意故事的激发

续表

课程整体设计模块	周次	教学内容（要点）	教学目标/价值意义	教学形式	脚手架（附件）参考资源/工具	作业要求（平台）	备注
模块二 改变行为 思维+ 能力	8	**创意的激发** （1）引入相邻可能的伟大创意及案例引导； （2）学生创意构想方案聚焦讨论（全体教师）	培养学生具有社会责任感；激发创新思维；完成小组项目创意。	案例、小组讨论、分享	（1）智慧树课程资源； （2）上几期同学的创意作品资源； （3）WBS 计划分解工具	（1）讨论并确定构想； （2）试用 WBS 制定小组分工及计划	通过第一轮小项目的迭代，开启本学期PBL的最终实践项目创意。固定思政：强化为人类创造的伟大创意目标
	9	**动手实践能力的培养** 同 Abilix 深入掌握与应用机械/电气/力学知识——机械运动的器件（齿轮）/电气传感器的应用/力学的杆件力学平衡等实现机器人的功能与小创造。 （机械/电气/力学教师）	多学科知识的拓展、迁移、应用与融合；熟悉 Abilix 的使用，实现产品构想的其中一种方式；提升动手实践能力	动手实践、应用与创造	（1）智慧树课程资源； （2）Abilix 机器人的操作手册； （3）其他动手环节操作说明	（1）熟悉机器人组装与功能为下一步实现创意准备； （2）思考构想的最终呈现形式（自主可选择方式）	动手实践环节可选择拆解乒乓球发球机；四驱小车的动手实践；或电子画笔操作（学生可自主选择）

续表

课程整体设计模块	周次	教学内容（要点）	教学目标/价值意义	教学形式	脚手架（附件）参考资源/工具	作业要求（平台）	备注
模块二 改变行为思维＋能力	10	**想法视觉化－软件工具的应用**　了解与学习三维制图、Solidworks、C4D、CAD、Acebuilder 等软件工具，实现构想实施方案视觉化；掌握工科基本软件使用与应用（机械/力学教师）	对三维建模有一定的了解；掌握一种软件工具；了解其他工具的应用场景；有将想法视觉化的意识和呈现能力	提升信息搜索、获取与有效利用能力；动手操作	（1）智慧树课程资源（Solidworks 操作方法的录课视频）；（2）UG 等软件工具的操作手册；3）资源搜索与获取途径	（1）利用课程线上资源反复操作练习；（2）小组思考构想最匹配的软件工具，辅助将想法视觉化效果最好	学生小组参考线上资源自主学习，共同讨论，自选软件
模块三 强化结果能力＋价值	11	**创新项目评估与完善**　（1）分组讨论创意项目方案；（2）实践操作的具体化、可行性论证，并进行口头报告，教师与各小组进行反馈并提出完善建议（全体教师）	思维与能力的提升（3+3 培养三种思维三种能力）	思考、讨论、分享、反馈（热反馈＋冷反馈）	（1）智慧树课程资源；（2）参用 Rubric（整体型）评价量规；（3）对标课程综合评价体系	（1）根据师生反馈完善方案；（2）小组按计划分工并动手实践	固定思政：强化团队协作与创造精神（学校知名科学家故事引入）

续表

课程整体设计模块	周次	教学内容（要点）	教学目标／价值意义	教学形式	脚手架（附件）参考资源／工具	作业要求（平台）	备注
模块三　强化结果　能力＋价值	12	视野的拓展与呈现的多样化 （1）创客中心及力学、电气等国家实验室参观； （2）了解并熟悉动手实践所用的实验条件； （3）按照方案动手实际制作小组讨论选择是以创客中心材料或Abilix结构件来完成最终运动产品呈现 （全体教师）	提升思维与能力（注重创新思维与创新能力）	参观、体验、动手操作	（1）各实验室介绍资料； （2）信息平台了解渠道	方案的进一步完善与修改；根据执行方案详细写出实践完成作品材料，为实践操作做好准备动	小组自主选择成果呈现方式
	13	创意项目管理与团队协作执行 按照方案分工，进入全面动手实作环节 （全体教师）	思维与能力提升（关注成长性思维）	讨论与实作讨论与改进	（1）智慧树课程资源； （2）课程创意清单（要求与流程指导）	小组不断完善并动手实践小组协作，教师进行阶段性反馈与指导。	固定思政：关键书籍《无限可能》的推荐，团队协作共同挑战、创造无限可能。
	14	创意项目管理与团队协作执行 全面动手实作环节 （全体教师）	团队协作能力；动手实作能力	讨论与推进	（1）动手实践实验室及材料的支持； （2）课程创意清单	阶段性展示与反馈	团队协作的自主学习

续表

课程整体设计模块	周次	教学内容（要点）	教学目标/价值意义	教学形式	脚手架（附件）参考资源/工具	作业要求（平台）	备注
模块三 强化结果能力＋价值	15	**创意项目的呈现** 产品营销展示技巧与路演（全体教师）	表达与展示等综合能力提升	模拟/演练	（1）智慧树课程资源；（2）路演流程和要点	应用与创新；项目呈现视觉化，表达创新化	综合能力展现与提升
	16	**真实汇报场景模拟** 预答辩，改进与优化项目成果（全体教师）	课程高阶能力目标的外显化；进一步指导与反馈	模拟展现与互评反馈	（1）智慧树课程资源；（2）参照Rubric评价量规	完整方案上传平台	自主学习与创造
	17	**结课：学习成效呈现** 成果展示与汇报答辩（全体师生）	综合展示；点评与总结学习成效	小组分享；多元评价	（1）Rubric评价量规；（2）优秀创新团队评选(线上)；（3）综合评价表（互评）	撰写课程总结报告上传课程平台	固定思政：坚定树立为人类造福的创新创造价值目标
课程复盘			对课程做一个简单复盘，促使课程及学习者不断迭代优化	师生共同参与	（1）六维核心力RadarMapping；（2）学生学习心理特质自我评估表	可提交个人学习心得	完成学习闭环

"运动、科技与智慧人生" IDL 教学设计第 5 步（S5）：自评估设计

最后，我们可以基于下表促进深层学习的 8 条教学原则设计的自评估用表对构建课程进行评估，为课程的反思、评价与改进提供支持。

IDC 给出了建议的 44 个指标作为自评参考，当然除了自评估，也可以通过第三方视角进行评估，尤其是开展教学实践学生的反馈等。

图 12-13 为学校通识课程评价标准，图中绿色覆盖部分为课程教学目标达成部分。

绿色部分代表本课程实现五维度教学目标

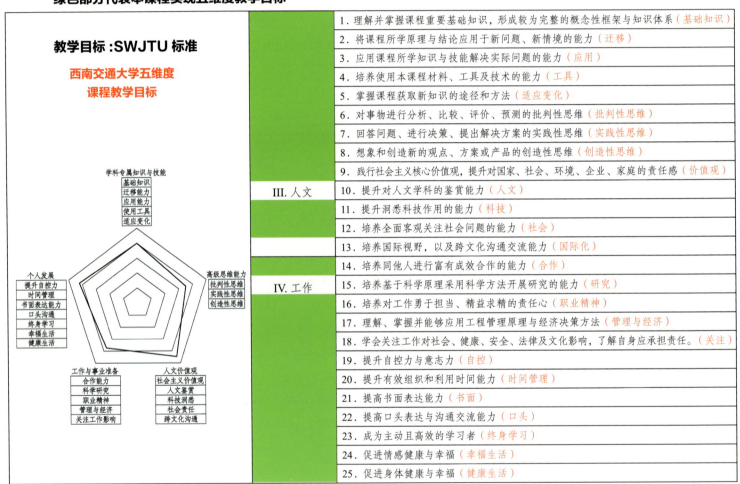

教学目标：SWJTU 标准		
西南交通大学五维度 **课程教学目标**		1. 理解并掌握课程重要基础知识，形成较为完整的概念性框架与知识体系（基础知识）
		2. 将课程所学原理与结论应用于新问题、新情境的能力（迁移）
		3. 应用课程所学知识与技能解决实际问题的能力（应用）
		4. 培养使用本课程材料、工具及技术的能力（工具）
		5. 掌握课程获取新知识的途径和方法（适应变化）
		6. 对事物进行分析、比较、评价、预测的批判性思维（批判性思维）
		7. 回答问题、进行决策、提出解决方案的实践性思维（实践性思维）
		8. 想象和创造新的观点、方案或产品的创造性思维（创造性思维）
		9. 践行社会主义核心价值观，提升对国家、社会、环境、企业、家庭的责任感（价值观）
	III. 人文	10. 提升对人文学科的鉴赏能力（人文）
		11. 提升洞悉科技作用的能力（科技）
		12. 培养全面客观关注社会问题的能力（社会）
		13. 培养国际视野，以及跨文化沟通交流能力（国际化）
		14. 培养同他人进行富有成效合作的能力（合作）
	IV. 工作	15. 培养基于科学原理采用科学方法开展研究的能力（研究）
		16. 培养对工作勇于担当、精益求精的责任心（职业精神）
		17. 理解、掌握并能够应用工程管理原理与经济决策方法（管理与经济）
		18. 学会关注工作对社会、健康、安全、法律及文化影响，了解自身应承担责任。（关注）
		19. 提升自控力与意志力（自控）
		20. 提升有效组织和利用时间能力（时间管理）
		21. 提高书面表达能力（书面）
		22. 提高口头表达与沟通交流能力（口头）
		23. 成为主动且高效的学习者（终身学习）
		24. 促进情感健康与幸福（幸福生活）
		25. 促进身体健康与幸福（健康生活）

图 12-13　通识课程评价标准

参考文献

[1] 雷普克. 如何进行跨学科研究 [M]. 傅存良，译. 北京：北京大学出版社，2016.

[2] SAVERY J R. Comparative pedagogical models of problem - based learning[J]. The Wiley Handbook of Problem - Based Learning, 2019: 81–104.

[3] KRAJCIK J S, BLUMENFELD P C. Project–based learning[M]//SAWYER R K. Cambridge Handbook of the Learning Sciences. Cambridge: Cambridge University Press, 2005: 317–334.

[4] SCHMIDT H G, ROTGANS J I, YEW E H J. Cognitive constructivist foundations of problem - based learning[J]. The Wiley Handbook of Problem - Based Learning, 2019: 25–50.

[5] 索耶. 剑桥学习科学手册（第二版）[M]. 徐晓东，等，译. 北京：教育科学出版社，2010.

[6] COLLINS A, BROWN J S, HOLUM A, et al. Cognitive apprenticeship: making thinking visible[J]. American Educator, 1991, 15(3): 6 - 11.

[7] SAVERY J R. Overview of problem–based learning: definitions and distinctions[J]. Essential Readings in Problem–Based Learning: Exploring and Extending the Legacy of Howard S. Barrows, 2015, 9(2): 5–15.

[8] SHAH A, YU J, TONG T, et al. Working with large code bases: a cognitive apprenticeship approach to teaching software engineering[C]. Proceedings of the 55th ACM Technical Symposium on Computer Science Education, 2024: 1209–1215.

[9] SMITH T W, COLBY A. Teaching for deep learning [J]. The Clearing House: A journal of Educational Strategies, Issues and Ideas, 2007, 80(5): 205–10.

[10] 安布罗斯，等. 聪明教学 7 原理：基于学习科学的教学策略 [M]. 庞维国，等，译. 上海：华东师范大学出版社，2010.

[11] LINNENBRINK E A, PINTRICH P R. Motivation as an enabler for academic success[J]. School Psychology Review, 2002, 31(3): 313–327.

[12] 梅里尔. 首要教学原理 [M]. 盛群力，等，译. 福州：福建教育出版社，2016.

[13] DE HEI M, STRIJBOS J W, SJOER E, et al. Thematic review of approaches to design group learning activities in higher education: the development of a comprehensive framework[J]. Educational Research Review, 2016, 18: 33 – 45.

[14] 威金斯，等. 追求理解的教学设计 [M]. 2 版. 闫寒冰，等，译. 上海：华东师范大学出版社，2017.

[15] 安德森，等. 布卢姆教育目标分类学：分类学视野下的学与教及其测评 [M]. 蒋小平，等，译. 北京：外语教学与研究出版社. 2009.

[16] 芬克. 创造有意义的学习经历——综合性大学课程设计原则 [M]. 胡美馨，刘颖，译. 杭州：浙江大学出版社，2006.

[17] 工程教育认证标准 [EB/OL]. https://www.ceeaa.org.cn/gcjyzyrzxh/rzcxjbz/gcjyrzbz/tybz/630662/index.html.

[18] 安吉洛，克罗斯. 课堂评价技巧 [M]. 唐艳芸，译. 杭州：浙江大学出版社，2006.

[19] National Academy of Engineering. Educating the Engineer of 2020: Adapting Engineering education to the new century[R]. Washington, DC: The National Academies Press, 2005.

[20] 理查德·梅耶. 应用学习科学 [M]. 北京：中国轻工业出版社，2016.

[21] 王巍. 对外汉语教学中的课堂活动设计 [J]. 教育理论与实践，2012，32（24）：55–57.

[22] 汉森. 大脑健身房 [M]. 张雪莹，译. 北京：中国友谊出版公司，2019.

[23] 朗. 如何设计教学细节：好课堂是设计出来的 [M]. 北京：中国青年出版社，2018.

[24] 杨健. 系统开发类课程的翻转教学课堂活动设计研究 [J]. 计算机教育，2019（7）：107–111.

[25] DOUGHERTY D. Free to make: how the maker movement is changing our schools, our jobs, and our minds[M]. Berkeley, California:

North Atlantic Books, 2016.

[26] National Academy of Sciences, National Academy of Engineering, Institute of Medicine. Facilitating interdisciplinary research[R]. Washington, DC: The National Academies Press, 2005.

[27] DERRICK E G, FALK−KRZESINSKI H J, ROBERTS M R, et al. Facilitating interdisciplinary research and education: a practical guide[R]//Science on FIRE: Facilitating Interdisciplinary Research and Education, 2011.

[28] JESWIET J, SZEKERES A. Definitions of critical nomenclature in environmental discussion[C]//LIEN T K. Proceedings of the 21st CIRP Conference on Life Cycle Engineering, Trondheim, 2014: 14−18.

[29] LUTTIKHUIS E J O, TOXOPEUS M E, LUTTERS E. Effective integration of life cycle engineering in education[J]. Procedia CIRP, 2015, 29: 550−555.

[30] NEWELL W H, WENTWORTH J, SEBBERSON D. A theory of interdisciplinary studies[J]. Issues in Integrative Studies, 2001, 19(11): 1−25.

[31] 肯·贝恩，玛莎·马歇尔·贝恩. 超级课程：教育与学习的未来 [M]. 褚颖，等，译. 北京：机械工业出版社，2021.

[32] 郝莉，冯晓云，宋爱玲，李君. 新工科背景下跨学科课程建设的思考与实践 [J]，高等工程教育研究，2020，68（2）：31−40.

附录

附录A　工具

　　本章介绍一系列教学辅助工具，通过这些多样化工具的功能，增强教学效果，激发学生的学习热情。

附录 A.1　AI 工具

面对 AI 的态度

▶ 与 AI 共舞	▶ AI 的菜单	▶ HAI
用开放的心态，拥抱 AI	找到适合自己的最佳拍档	Human Intelligence + Artificial Intelligence= 智慧共创

常用的通用模型——多模态

文本 A	图案 B	语音 C	视频 D
文字信息，如句子、段落、文章等。	视觉信息，如照片、图表、图形等。	音频信息，如人的说话、动物的声音等。	动态视觉和音频信息的组合

在教育领域，综合利用多种形式的教学资源和工具，可以极大地提升教学效果和学生的学习体验。

先进的 AI 工具，能够在以下几个方面为您的教学工作提供全方位的支持：

- 多样化资源整合：结合文字、图片、音频、视频等多种形式的教学材料，丰富课堂内容。
- 智能内容生成：根据需求，生成高质量的多模态教学材料，提升课堂互动性和学生的参与感。
- 精准信息获取：快速查找和整合各类信息，为您的教学内容提供权威的参考和支持。
- 创意教学设计：提供创新灵感，帮助您设计多样化的课堂活动和教学案例，使教学过程更加生动有趣。

通过使用这些多模态大模型，可以更加高效地准备教学材料，将复杂的信息转化为直观易懂的多媒体内容，进一步提升教学效果和学生的学习兴趣。

序号	名称	网址	特色
1	智谱清言	https://chatglm.cn/	多模态
2	讯飞星火	https://xinghuo.xfyun.cn/	多模态
3	通义系列 - 通义千问	https://tongyi.aliyun.com/	会议记录
4	天工	https://home. tian gong. cn/	搜索功能
5	文心一言	https://yiyan.baidu.com/	多模态
6	紫东太初	https://docs.wair.ac.cn/	3D 能力

以智谱清言、讯飞星火、通义为例

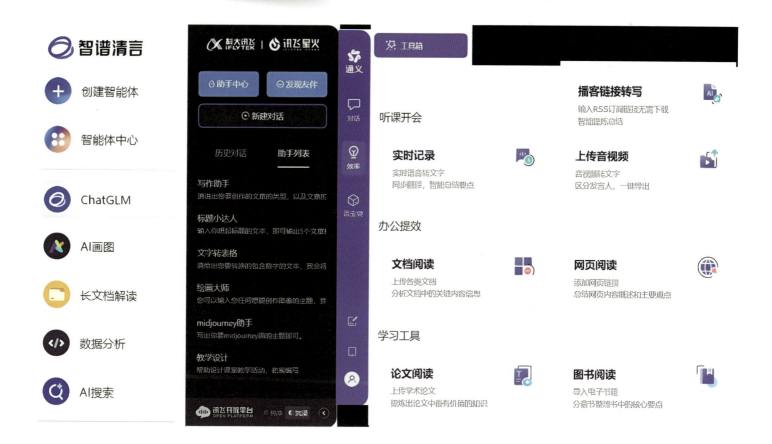

智谱清言

- 创建智能体
- 智能体中心
- ChatGLM
- AI画图
- 长文档解读
- 数据分析
- AI搜索

科大讯飞 | 讯飞星火

助手中心　发现友伴

新建对话

历史对话　助手列表

写作助手
请说出您要创作的文稿的类型，以及文章内容

标题小达人
输入你想起标题的文本，即可输出5个文案标题

文字转表格
请给出您要转换的包含数字的文本，我会将

绘画大师
您可以输入您任何想要创作图像的主题，我

midjourney助手
写出你要midjourney画的主题即可，

教学设计
帮助设计课堂教学活动，探索课程

讯飞开放平台
OPEN PLATFORM

工具箱

通义
对话
效率
百宝袋

听课开会

实时记录
实时语音转文字
同步翻译，智能总结要点

播客链接转写
输入RSS订阅链接无需下载
智能提炼总结

上传音视频
音视频转文字
区分发言人，一键导出

办公提效

文档阅读
上传各类文档
分析文档中的关键内容信息

网页阅读
添加网页链接
总结网页内容脉络和主要观点

学习工具

论文阅读
上传学术论文
提炼出论文中有价值的知识

图书阅读
导入电子书籍
分章节智能理书中的核心要点

主要功能列表

智谱清言	讯飞星火	通义
ChatGLM	新建对话	对话
创建智能体	创建我的助手	我的智能体
智能体中心	助手中心	智能体
长文档解读	文本生成	论文 （网页）阅读
数据分析	数据分析助手	数据分析师
AI搜索	知识问答	学术论文 搜索专家
灵感大全	虚拟人视频	播客链接转写

常用的通用模型——文本类

在日常教学过程中，我们经常需要快速获取准确的信息、撰写教学材料、生成创意性的内容。为了更好地满足这些需求，可以尝试使用文本类大模型。

kimi+ 绘图软件实现绘制流程图

- 高效的信息查询：快速解答您在教学过程中遇到的各种问题，提供丰富的参考资料。
- 教学材料撰写：协助编写教案、课程大纲和教学反思，让您的教学文档更加完整和专业。
- 创意生成：提供灵感，帮助您设计有趣的课堂活动、生成引人入胜的故事和例子。
- 即时辅助：随时随地获取帮助，提高工作效率和教学质量。

利用文本类大模型，可以节省时间，将更多精力集中在学生的培养和课堂的互动上。

序号	名称	网址	特色
1	Kimi Chat	https://kimi.moonshot.cn/	200 万字长文本 / 预设常用语 /kimi 探索
2	豆包	https://www.doubao.com/	可语音交互
3	腾讯混元助手	https://hunyuan.tencent.com	回答简洁
4	WPSAI	https://ai.wps.cn/? utm_source=ai-bot.cn	协同办公
5	秘塔 AI 搜	https://metaso.cn/	学术搜索

常用的通用模型——辅助 PPT 制作

对于教师而言，在制作 PPT 时，内容并不是我们关注的重点，我们常常花费大量时间在排版和样式上，而这些时间本可以用来专注于教学内容的优化。为了让 PPT 制作更加高效和美观，可以使用 AI 辅助工具来生成 PPT。AI 辅助工具不仅可以自动排版，还提供多种样式和设计模板，帮助教师在已有内容的基础上获得更多灵感。这些工具能根据需求，智能调整色彩、布局和字体，使 PPT 更具吸引力和专业感。通过使用 AI 工具，您可以：

- 节省时间，将更多精力投入到内容的完善和教学准备中。
- 轻松创建视觉效果出色的 PPT，提高课堂的吸引力。
- 获取设计灵感，让您的 PPT 与众不同。
- 在 AI 自动化生成的内容中，可获取灵感。

序号	名称	网址	特色
1	AiPPT	https://www.aippt.cn/	在线编辑 / 多种格式导出
2	ChatPPT	https://www.chat-ppt.com/	智能动画引擎
3	Islide AI	https://www.islide.cc/	插件支持 office/wps
4	讯飞星火	https://xinghuo.xfyun.cn/	多个星火助手
5	百度文库	https://wenku.baidu.com/	帮助生成演讲稿 / 根据文档回答问题

PPT 生成流程——以讯飞星火为例

- 直接在对话框中输入 PPT 的主题。
- 选择"智能 PPT 生成"插件。
- 等待内容输出。
- 点击"编辑"可对输出的文字内容进行编辑。
- 点击"一键生成 PPT"。
- 跳转至讯飞智文，生成 PPT。
- 可在线编辑。
- 导出 PPT。

常用的通用模型——图像类、视频类和音乐类

在现代教育中，利用多种媒介形式来丰富教学内容，不仅可以增强课堂的趣味性，还能提高学生的学习效果。可以使用一些 AI 工具，为教学工作提供强大的支持：

- 丰富的图像资源：生成和编辑高质量的教学图像，直观展示复杂概念，让学生更容易理解和记忆。
- 多样的视频内容：制作和处理教学视频，生动形象地讲解知识点，提升课堂互动性和学生的参与度。
- 创意音乐辅助：创作和编辑背景音乐，营造良好的学习氛围，增强课堂的情感感染力。

通过使用这些通用模型，可以更加高效地准备和呈现教学材料，将图像、视频和音乐融入教学过程中，全面提升课堂效果和学生的学习体验。

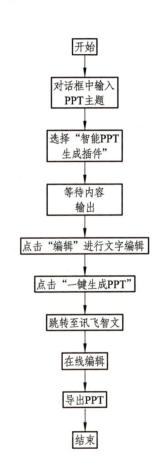

开始 → 对话框中输入 PPT 主题 → 选择"智能PPT生成插件" → 等待内容输出 → 点击"编辑"进行文字编辑 → 点击"一键生成PPT" → 跳转至讯飞智文 → 在线编辑 → 导出PPT → 结束

序号	名称	网址	特色
1	文心一格	https://yige.baidu.com/	多种绘画风格
2	奇域 AI	https://www.qiyuai.net/	中国风绘画
3	美图秀秀 WHEE	手机 App / https://www.whee.com/	AI 修图
4	通义万相	https://tongyi.aliyun.com/wanxiang/	图像高清放大
5	Dreamina	https://dreamina.jianying.com/ai-tool/home	作图 / 视频
6	腾讯混元生图	https://image.hunyuan.tencent.com	响应快
7	悠船	www.youchuanai.com	绘画
8	可灵 AI	https://klingai.kuaishou.com/	AI 图片 /AI 视频
9	剪映	https://www.capcut.cn/	视频剪辑
10	天工音乐	手机 App 使用 / https://music.tiangong.cn/	操作简便
11	网易天音	https://tianyin.music.163.com/#/	专业级音乐制作
12	TTSMAKER	https://ttsmaker.cn	在线配音工具
13	obs	https://obsproject.com/ 电脑端使用	开源视频录制和直播软件

常用的通用模型——思维导图

在教学过程中，清晰地组织和展示知识点，对于提升学生的理解和记忆非常关键。使用 AI 思维导图工具，能够在以下几个方面为教学工作提供宝贵的支持：

- 知识结构化：将复杂的知识点进行系统化整理，帮助学生更直观地理解和掌握学习内容；
- 教学设计：快速创建和编辑教学大纲和课程计划，使您的教学设计更加清晰和高效；
- 互动学习：通过动态和互动式的思维导图，激发学生的学习兴趣，促进主动学习和思维扩展。
- 辅助头脑风暴：有效引导学生进行头脑风暴，促进创意思维和问题解决能力的提升，激发课堂讨论的热情。

通过使用这些思维导图工具，可以更高效地准备教学材料，将复杂的信息简化为易于理解的图示，提升课堂效果和学生的学习体验。

序号	名称	网址	特色
1	TreeMind 树图	https://shutu.cn/	图片转思维导图
2	博思白板	https://boardmix.cn/	笔记功能
3	亿图	https://mm.edrawsoft.cn/	智能注释
4	Gitmind	https://www.gitmind.cn/	模板样式丰富
5	Xmind/Mindmaster	https://xmind.ai/	思维导图 +AI
6	讯飞星火 +TreeMind	插件形式	思维导图 +AI
7	讯飞星火 +ProcessOn	插件形式	流程图 +AI
8	amymind	https://amymind.com/zh-cn/	无须注册，即用

其他模型——AI 视频 / 数字人

在现代教育中，创新的教学方式和丰富的教学手段对于提升学生的学习效果至关重要。使用 AI 数字人技术，

可以在以下几个方面为教学工作提供全方位的支持：

AI 小课 - 数字人

• 个性化教学：利用 AI 数字人创建个性化的虚拟教师，提供针对不同学生需求的定制化教学内容，提升学习效果。

• 丰富的教学演示：通过 AI 数字人进行生动有趣的教学演示，吸引学生注意力，增强课堂互动和参与度。

• 高效内容生成：快速制作多媒体教学材料，节省时间和精力，将更多精力投入到教学设计和学生辅导中。

• 语言与文化教学：AI 数字人能够模拟多种语言和文化背景，有助于语言教学和跨文化交流，拓宽学生的国际视野。

通过使用 AI 数字人技术，可以将复杂的教学内容以更加生动、有趣和高效的方式呈现给学生，提升课堂效果和学生的学习体验。

序号	名称	网址	特色
1	腾讯智影	https://zenvideo.qq.com/	动态漫画
2	万彩 AI	https://ai.kezhan365．com/	微课制作
3	剪映	https://www.capcut.cn/	视频剪辑
4	讯飞智作	https://peiyin.xunfei.cn/	虚拟主播
5	闪剪	https://shanjian.tv/	快速剪辑
6	万兴播爆	https://virbo.wondershare.cn/	场景多
7	奇妙元	https://weta365.com/	PPT 转换视频

其他模型——创建专属智能体

在教育的新时代，个性化和高效的教学工具能够显著提升学生的学习体验和效果。使用 AI 创建专属智能体，能够在以下几个方面为您的教学工作提供强大的支持：

●个性化教学助手：创建专属智能体，为每位学生提供个性化的辅导和反馈，满足不同学生的学习需求。

●智能问答与辅导：智能体能够回答学生在课堂内外的各种问题，提供即时的辅导和支持，提高学习效率。

●自动化教学任务：处理繁琐的日常教学任务，如作业批改、课程安排等，让您有更多时间专注于教学创新和学生发展。

●多语言支持：智能体能够支持多种语言，有助于语言教学和国际交流，帮助学生拓宽视野。

通过使用这些 AI 工具，可以打造一个专属的智能教学助手，提升教学效率，增强与学生的互动，提供更加个性化和优质的教育体验。

序号	名称	网址	特色
1	扣子	https://www.coze.cn/	接入多个大模型 / 可发布在微信公众号 / 插件丰富 / 支持工作流、图像流
2	智谱清言	https://chatglm.cn/main/toolsCenter	接入 GLM-4/ 简单，易上手
3	文心智能体平台	https://agents.baidu.com/	接入文心大模型 / 支持工作流

创建智能体——以智谱清言为例：

- 点击创建智能体。
- 对话框中输入"一句话描述你的智能体"。
- 点击"生成配置"，系统自动生成基本配置。
- 在配置智能体页面，对"基本配置信息"进行修改。
- 根据需求勾选"模型能力"。
- 设置对话配置。
- 根据需求勾选"能力配置"。
- 进行"知识库配置"，上传个性化内容到知识库。
- 在调试与预览页面进行智能体的测试。
- 发布智能体。

利用智谱清言，创建"跨学科课程教学
创新虚拟教研室 AI 助手"

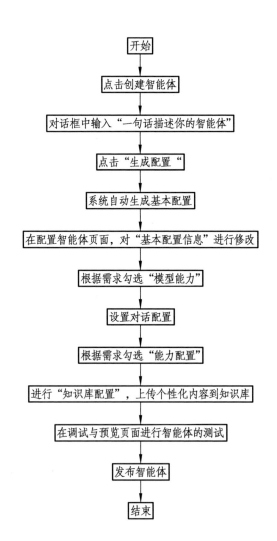

其他模型——会议纪要

在教学和学术交流过程中，会议和讨论是不可或缺的重要环节。为了更高效地记录和整理会议内容，尝试使用 AI 辅助工具能够在以下几个方面为您的工作提供极大的便利：

AI 小课 - 会议纪要

● 自动语音转录：实时将会议内容转录为文字，确保不遗漏任何重要信息，大幅提升记录效率。

● 精准记录：AI 技术能够准确识别和记录不同发言人的内容，便于后续整理和分析。

● 智能摘要：自动生成会议摘要和要点，帮助您快速回顾和分享会议内容，提高工作效率。

● 多语言支持：支持多种语言转录，适用于国际会议和多语言交流环境，助力全球化教育合作。

通过使用这些 AI 工具，可以将更多精力投入到会议讨论和教学工作中，不再为繁琐的记录工作烦恼。

序号	名称	网址	特色
1	通义	https://tongyi.aliyun.com/efficiency	实时记录 / 导读 / 笔记
2	讯飞听见	https://meeting.iflyrec.com/	AI 会议纪要

其他模型——课程思政

课程思政是培养学生社会主义核心价值观和思想道德素质的重要途径。为了提升课程思政的深度和广度，尝试使用 AI 技术辅助工具，能够在以下几个方面为您的教学工作提供宝贵的支持：

● 知识精准搜索：AI 技术能够快速准确地搜索相关的思政教育资源和案例，帮助您为课程准备丰富的教学内容。

● 主题挖掘与分析：通过 AI 分析工具，深入挖掘课程思政中的关键主题和话题，帮助您深化教学内容和引导学生思考。

通过使用这些 AI 辅助工具，可以更加科学、高效地进行课程思政教育，为学生的思想政治教育提供更加全面和深入的指导。

序号	名称	网址	特色
1	大学思政教材问答 GPT	https://chatmarx.zihaoai.cn/	
2	近思	https://jinsi.zhimakaifa.com/index.php	思政案例资源 / 思政教案

其他模型——科研助手

在科研工作中，高效的数据分析和创新的研究方法是提升研究成果和影响力的关键。为了帮助更好地进行科研工作，尝试使用 AI 辅助工具能够在以下几个方面为您的科研工作提供宝贵的支持：

● 数据分析与挖掘：AI 技术可以快速、准确地分析大规模数据，发现数据中隐藏的规律和趋势，帮助您做出科学的研究推断。

● 文献综述与整理：AI 工具能够自动收集、整理和分析大量文献资料，帮助您进行深入的文献综述，节省大量时间和精力。

● 实验设计与优化：AI 技术能够模拟和优化实验设计，提供更精准的实验方案和参数调整，增加科研实验的成功率。

● 学术写作辅助：AI 辅助工具可以提供科学的写作建议和编辑反馈，帮助您撰写高质量的学术论文和研究报告。

通过使用这些 AI 辅助工具，可以更高效地进行科研工作，提升研究的深度和广度，加速科研成果的产出和转化。

序号	名称	网址	特色
1	微词云	https://www.weiciyun.com/	多模板＋在线分词
2	爱校对	https://www.ijiaodui.com/	错别字检查
3	AMiner	https://www.aminer.cn/	科研助手
4	txyz	https://app.txyz.ai/	科研助手
5	星火科研助手	https://paperlogin.iflytek.com/	科研助手
6	paperpal	https://www.editage.cn/paperpal	投稿检查
7	青泥学术	https://www.xueshuchuangxin.com/	课题申报

附录 A.2　与 AI 沟通的提示词工程

前面介绍了适用于不同场景的 AI 工具，要想让 AI 的输出更加符合我们的预期，就需要与 AI 进行有效的沟通，这就要谈到大家熟知的提示词工程。在生成式 AI 问世之初，提示词工程迅速成为热门领域。尽管现在许多大模型配备了提示词插件，可以辅助生成提示词，但了解其背后的基本逻辑并将其应用于自身专业领域依然至关重要。

提示词工程并非简单地堆砌关键词或短语，而是一项需要不断优化和迭代的技术。它要求我们理解 AI 的工作原理，并结合具体的应用场景，巧妙地运用语言技巧，才能引导 AI 生成高质量的输出。因此，对于想要更好地利用 AI 的人来说，需要掌握提示词工程这项技能。

提示的要素

指令：想要模型执行的特定任务或指令
上下文：包含外部信息或额外的上下文信息，引导语言模型更好地响应
问题：用户输入的内容或问题
指示：指定输出的类型或格式

具体到提问，可以总结为 5 个要素，其中前 4 个要素已经可以完成核心内容的呈现，再加上最后的格式，可以输出一份适用具体场景的样式。

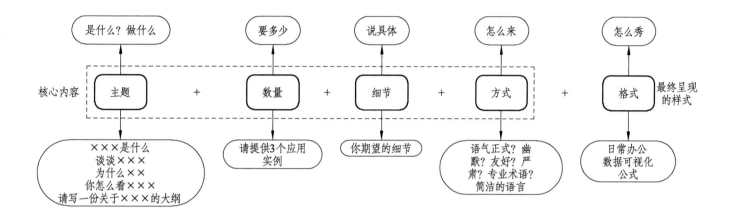

在此基础上，增加角色赋予这个元素，可以使细节更加丰富，帮助 AI 更加准确地定位。角色的赋予可以是双向的，告诉 AI "你是谁"，补充背景信息，再让 AI 扮演某个领域的角色，引导其专注于提供对应专业领域内相关问题的解决。

我们将结合书中的"大概念与大技能""专家实践""核心表现性任务"以及"核心认知目标"，从角色＋任务请求＋背景信息＋要求这几个方面提供 4 个提示词案例。

提示词工程是一个迭代和优化的过程，在使用以上方法的过程中，可以根据自己的语言特点进行调试，找到与 AI 沟通的专属模式。

AI 提示单

AI 提示单示例
大学物理课程

附录 A.3 课堂教学互动平台及辅助工具

序号	名称	网址	特点
1	微助教	https://portal.teachermate.com.cn/	微信端操作
2	超星学习通	https://v3.chaoxing.com/toJcLogin	知识图谱
3	雨课堂	https://www.yuketang.cn/	弹幕、投稿
4	蓝墨云班课	https://www.mosoteach.cn/	个性化教学建议
5	课堂酷	https://www.ketang.cool/	6 种有趣的课堂活动
6	Zotero	https://www.zotero.org/download/ 电脑端	文献管理 + 插件扩展
7	边写边搜	https://app.fir.ai/sign-in	文献管理 + 阅读
8	UMU 互动平台	https://www.umu.cn/	互动学习平台

附录 A.4　仿真工具

仿真工具
电路仿真软件 Multisim
Proteus Pro 单片机仿真软件
EWB 电路仿真软件
PSPICE 仿真软件
Matlab 电路仿真软件
PSIM
BIM
arduino 开源嵌入式控制器
raspberry pi 开源卡片计算机
processing 开源交互界面开发工具
solvespace 开源三维建模软件
inscape 开源二维图形绘制软件

附录 A.5 网络资源

图书资源

序号	名称	链接
1	全国图书馆参考咨询联盟	http：//www.ucdrs.superlib.net/
2	得到	https://www.dedao.cn
3	Chat with your book	https://www.bookai.chat/
4	微信读书	App/ 网页版

2025 年 1 月，DeepSeek-R1 发布并开源，性能对标 OpenAIo1 正式版，在网页端、APP 和 API 全面上线，链接：https://www.deepseek.com/

目前已有多个应用接入 DS：

AI 开发平台：星火大模型精调平台——讯飞星辰 MaaS 平台、火山引擎、百度智能云；

AI 搜索：秘塔 AI、纳米搜索、天工 AI、百度搜索等；

办公协作：WPS、飞书、钉钉、微信 (灰度测试) 等；

笔记工具：腾讯 ima、得到 Get 笔记等；

代码开发：通义灵码。

工具将持续更新……

附录B　IFMOS设计用表

IFMOS 设计用表		
S1	初始化设计	p54
S2-1	三维度教学目标设计	p56
S2-2	模块划分与评价模板设计	p59
S3-1	模块目标空间与问题 / 任务呈现	p65
S3-2	学习过程、环境与评价设计	p67
S4	原型设计清单	p68
S5	自评估设计	p71

IFMOS 设计用表 S-1：初始化设计

①教学要求（与课程相关的所有材料，如专业培养方案、课程要求、课程简介、教学大纲、教材教案等）	②学情分析（学生学习兴趣习惯、前期基础，对课程看法、期待；未来的行业职业特点等）	③教学目标
④教学评价	⑤教学内容（大概念 / 大技能）	⑥教学模式（全 / 部分、PBL/PtBL、单 / 跨学科）

IFMOS 设计用表 S2-1：三维度教学目标设计

① 核心表现性任务	② 核心认知目标	③ 课程思政目标	⑤ 三维度教学目标
		④ 通用能力目标	

IFMOS 设计用表 S2-2：模块划分与评价模板设计

①教学内容
（大概念/大技能）

模块1

模块2

模块n

②问题序列
/项目迭代

......

P1

P2

Pn

③评价模板

问题/项目（模块）	模块对应教学目标	评价对象	评价探针

IFMOS 设计用表 S3-1：模块目标空间与问题 / 任务呈现

① 模块目标空间	② 真实情境	④ 学生既有 KSA
		⑤ 认知差距（需要学生自主习得的 KSA）
	③ 问题 / 任务空间	⑥ 需要提供指导或者脚手架的知识技能

⑦ 问题 / 任务呈现

IFMOS 设计用表 S3-2：学习过程、环境与评价设计

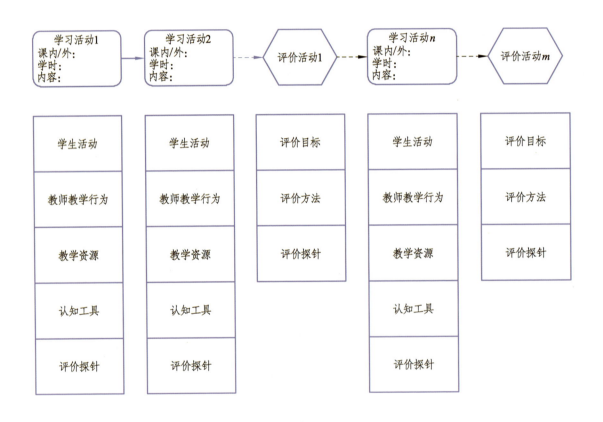

IFMOS 设计用表 S4：原型设计清单

设计任务	说明
教学执行大纲	课程执行大纲是对课程教学设计的简要说明，应包含教学目标、教学评价、教学过程与教学资源等的描述，它是指导任课教师制订授课计划、实施和组织课程教学活动的依据，也是课程的说明书，是学生第一次了解课程与选课的主要依据，同时还是课程质量评价的重要依据
教学设计报告	教学设计报告是对课程教学设计的全面展示，一般说应基于对外部要求、学情等的分析，详细介绍教学目标、教学评价、教学模式等的设计；特别应较为详细展示教学过程，突出教师作为"设计者"，如何设计学生的学习经历，让他们在与教学环境互动中建构自己的学习。注意展示教学设计的创新性与独特性在撰写设计报告中非常重要
教学环境详细设计	包括教学资源、认知工具、脚手架等的具体设计

IFMOS 设计用表 S5： 自评估设计

教学原则	A. 核心表现性任务	B. 教学目标	C. 问题 / 任务呈现	D. 教学过程	E. 教学环境	F. 评价与反馈
原则 1：应有效激发且维持学生的学习动机						
原则 2：应基于学生已有知识开展教学						
原则 3：以应用和迁移为主要教学目标						
原则 4：创设"学生参与的真实实践"环境						
原则 5：为学生提供外化和表达所学的机会						
原则 6：为学生提供协作学习的机会						
原则 7：为学生提供适当的支持与指导						
原则 8：帮助学生成长为终身学习者						

常用术语表

序号	术语	解释
1	知识内核 Knowledge Core	知识内核是构成一个学科教育体系中最基本、最核心的知识集合，它包含了该学科的基础理论、关键概念和基本原理，是教育者在教学过程中传授给学生，帮助他们建立学科思维和理解更深层次学科知识的基础
2	手工制品 Artifacts	通常指的是学生在学习过程中创造的有形或无形的各种作品或产品，能够外化的学习过程和成果，使学习成果更加具体化和可视化。也是学生知识、技能的综合体现。
3	认知工具 Cognitive Tools	能够辅助和增强人类认知过程的工具或技术。这些工具可以帮助人们更有效地获取、处理、存储和应用信息，用以支持学习者的思考、记忆、理解、分析和创造等认知活动
4	脚手架 Scaffolding	是教师为学习者提供的一种临时性的支持，帮助学生完成超出他们当前能力范围的任务，随着学生能力的提高，脚手架会逐渐减少，直到完全撤除
5	PBL 六步学习法	S1 观察问题（Observing），S2 建立初步假设（Hypothesizing），S3 确定学习问题（Setting-Objective），S4 自主学习（Independent-Learning），S5 返场讨论（Rediscussing），S6 总结反思（Debriefing）
6	浅层学习 Surface Learning	一种以记忆和重复为基础的学习方式。在这种学习模式下，学生往往关注于记忆事实、定义和公式，而不是深入理解材料的内在含义或原理
7	深层学习 Deep Learning	一种更为深入和批判性的学习方式。在深层学习中，学生不仅掌握知识的事实和细节，而且理解概念的深层含义，能够将新知识与已有知识联系起来，并在不同情境中应用这些知识

续表

序号	术语	解释
8	IFMOS 五步法	初始化设计（Initialization）、框架设计（Framework）、模块设计（Module）、原型设计（Prototype）、自评估设计（Self-Evaluation）核心字母缩写组成
9	大概念 / 大技能 Big Ideas/Key Skills	大概念是指在学科或跨学科领域中具有核心地位和深远影响的概念，是理解和掌握其他概念的基础，具有普遍性、深度、持久性和整合性。 大技能是指在多个领域和情境中都非常重要的基本技能，具有通用性、可转移性、发展性和基础性，为个人的学习、工作和生活提供了必要的能力
10	核心表现性任务 Core Performance Tasks	要求学生在真实或模拟的环境中应用所学知识和技能，以完成最具挑战性和综合性的任务。这种任务通常是能够想象到的最大的一个任务，需要学生展示高水平的思维能力、创造力和问题解决等高阶能力
11	问题序列 / 项目迭代 Problem Sequence/ Project Iteration	与核心表现性任务对应的问题或者项目（可以是单个或多个），具有递进性、关联性、探索性及引导性，帮助学生提供清晰的学习路径和方向为主要目的
12	认知差距 Cognitive Gap	是心理学和教育学中的一个概念，指的是个体在认知能力、知识理解或思维模式上与特定标准或期望之间的差异
13	目标空间 Objective Space	是一个抽象概念，用来描述个体或群体在理想状态或特定领域内应该达到的知识、技能、态度和价值观的集合。这里重点围绕大概念 / 大技能整理的重要知识技能能力，就构成了模块目标空间
14	KSA	是知识（Knowledge）、技能（Skills）、能力（Abilities）三个英文单词首字母的缩写，它是评估和描述个体在特定领域或任务中表现的三个关键维度
15	评价探针 Assessment Probes	是一种用于探测和收集学生学习情况信息的工具或方法。评价探针通常设计得比较简短、灵活，能够快速了解学生对特定知识点或技能的掌握程度